哈佛商务指南系列③

危机管理

——掌握抵御灾难的技巧

哈佛商学院出版公司　编

蒲红梅 译

商　务　印　书　馆

2012年·北京

图书在版编目(CIP)数据

危机管理——掌握抵御灾难的技巧/哈佛商学院出版公司编;蒲红梅译.—北京:商务印书馆,2007.5(2012.6重印)
(哈佛商务指南系列)
ISBN 978-7-100-05219-1

Ⅰ.危… Ⅱ.①美…②蒲… Ⅲ.企业管理 Ⅳ.F270

中国版本图书馆CIP数据核字(2006)第105513号

危机管理

——掌握抵御灾难的技巧

哈佛商学院出版公司 编

蒲红梅 译

商 务 印 书 馆 出 版

(北京王府井大街36号 邮政编码 100710)

商 务 印 书 馆 发 行

北京瑞古冠中印刷厂印刷

ISBN 978-7-100-05219-1

2007年5月第1版　　开本710×1000 1/16

2012年6月北京第2次印刷　　印张11¼

印数3 000册

定价:28.00元

致中国读者

哈佛商学院经管图书简体中文版的出版使我十分高兴。2003年冬天，中国出版界朋友的到访，给我留下十分深刻的印象。当时，我们谈了许多，我向他们全面介绍了哈佛商学院和哈佛商学院出版公司，也安排他们去了我们的课堂。从与他们的交谈中，我了解到中国出版集团旗下的商务印书馆，是一个历史悠久、使命感很强的出版机构。后来，我从我的母亲那里了解到更多的情况。她告诉我，商务印书馆很有名，她在中学、大学里念过的书，大多都是由商务印书馆出版的。联想到与中国出版界朋友们的交流，我对商务印书馆产生了由衷的敬意，并为后来我们达成合作协议、成为战略合作伙伴而深感自豪。

哈佛商学院是一所具有高度使命感的商学院，以培养杰出商界领袖为宗旨。作为哈佛商学院的四大部门之一，哈佛商学院出版公司延续着哈佛商学院的使命，致力于改善管理实践。迄今，我们已出版了大量具有突破性管理理念的图书，我们的许多作者都是世界著名的职业经理人和学者，这些图书在美国乃至全球都已产生了重大影响。我相信这些优秀的管理图书，通过商务印书馆的翻译出版，也会服务于中国的职业经理人和中国的管理实践。

20 多年前，我结束了学生生涯，离开哈佛商学院的校园走向社会。哈佛商学院的出版物给了我很多知识和力量，对我的职业生涯产生过许多重要影响。我希望中国的读者也喜欢这些图书，并将从中获取的知识运用于自己的职业发展和管理实践。过去哈佛商学院的出版物曾给了我许多帮助，今天，作为哈佛商学院出版公司的首席执行官，我有一种更强烈的使命感，即出版更多更好的读物，以服务于包括中国读者在内的职业经理人。

在这么短的时间内，翻译出版这一系列图书，不是一件容易的事情。我对所有参与这项翻译出版工作的商务印书馆的工作人员，以及我们的译者，表示诚挚的谢意。没有他们的努力，这一切都是不可能的。

哈佛商学院出版公司总裁兼首席执行官

万 季 美

危机管理

目　录

目　录

序 言

序　言

2003 年 2 月 1 日,“哥伦比亚号”航天飞机载着 7 名机组人员正在重返地球大气层,它要降落的地点是位于加利福尼亚的爱德华空军基地(Edwards Air Force Base)。“哥伦比亚号”已经环绕轨道航行了 15 天,满载成果,一切正常。机组成员进行了 80 多项实验,其中很多试验涉及微重力(microgavity)问题。现在任务完成了,这艘了不起的飞船正在返回地球家园。至此,一切都在按计划进行,再过 20 分钟,即将功德圆满。

太空探险最危险的时刻,除了起飞,就数重返大气层了。在以超过每小时17,000英里的速度跨越太空的真空地带之后,航天飞机逐步俯冲进混沌的大气层,摩擦力开始引起高热,飞船处于极端压力之下。美国航天器依靠耐热保护层和指挥官的驾驶技术来对付这两种危险,保障安全着陆。但是,在 2 月的那一天,“哥伦比亚号”出现了可怕的问题,在进入大气层时,它像流星一样破碎了,机上人员全部遇难,全世界为之震惊。

到底是哪里出了纰漏?为什么会如此?这些都是“哥伦比亚号”事故调查委员会(Columbia Accident Investigation Board)要解答的问题。在悲剧发生 7 个月之后,委员会发布了调查结果,报告严厉批评了实施这一项目的国家宇航局(NASA)。委员会把事故的原因归结到助推火箭上的一块泡沫塑料。在起飞的时候,一块泡沫塑料掉下来,砸坏了"哥伦比亚号"左机翼前端的隔热瓦。重返大气层时,炽热的气流从机翼的破口贯入,最后溶化了机翼的支撑部分,使飞船失去了控制,从而导致"哥伦比亚号"在重返大气层的途中解体。

这是事故的外部原因。但是,这怎么会被允许发生呢?调查委员会在"哥伦比亚号"毁坏的外部原因背后,发现了一个使事故成为可能的——若非不可避免的——组织缺陷。它在报告中指出了 NASA 在组织文化(organizational culture)上的过失,就像那块泡沫塑料对机翼保护层的致命一击一样严重。报告认为,事故的组织原因根植于航天项目的历史和文化,包括:持续多年的资源紧张,优先事项的不断变动,时间进度的压力,缺乏人类太空航行的全局观。它发现 NASA 的文化和实践不利于安全,包括:对既往成功的依赖替代了优秀的管理工程,存在重要的关于安全信息交流的组织障碍,压制不同的专业意见。[1]尤为重要的是调查委员会指出了 NASA 的态度"与高风险技术的组织不相容"。[2]

更无可逃避的是,调查者指出航天计划的结构和程序,因此也就是那些负责任的管理者,抵制了本可以阻止灾难的新信息。他们也没有制定基本的应急预案(contingency plan),以提防重返大气层时可能会出现的紧急情况。"他们未做任何研究就确信对这样的紧急事件无计可施。可靠的安全文化(safety culture)所应具备的理智的好奇心和怀疑态度,在他们那里几乎完全缺失。"[3]

"哥伦比亚号"事故对于 NASA 及其航天计划是个重大打击。

7名宇航员的生命和价值数十亿美元的航天飞机顷刻间化为乌有。随后的航天使命被迫搁浅，直到“哥伦比亚号”的姐妹号能被证明可以安全飞行。这些因素合起来打破了NASA的宇宙探索时刻表。由于航天飞机是国际空间站的主要补给者，故而国际空间站的项目也受到了同样的威胁。

或许更糟糕的是，员工的士气大挫，NASA的不同凡响和超能的荣誉遭受了严重的玷污。公众不再把它看成无所不能的组织——在20世纪60年代和70年代，它的壮举曾令全世界激动不已。“哥伦比亚号”悲剧的发生，再加上调查委员会对NASA的批评，公众对NASA的支持是否会减弱？国会是否要削减未来的资金？NASA管理层将如何面对危机？它有可能解决所面临的问题吗？

与诸如NASA这样的高危险性的组织相比，其他组织所遭受的危机袭击要更多些。不管是否意识到，每一个组织都有可能遭遇危机。考虑下列例子：

- 政府监管部门发现，一家公共基金大公司的雇员参与非法交易行为，这种行为减少了股东的利润。在被揭穿后，仅几周时间，个人投资者和养老金基金就从这个资金公司撤出了10亿美元，从而威胁到它未来的生存。

- 一艘油轮搁浅后，250,000多桶石油涌入纯净的阿拉斯加港湾。罚款单和清洁账单，还有来自愤慨的顾客和股东们的诉讼和信件，都像雪片般飞来。

- 经营组合证券的经理人（portfolio manager）试图通过投

机性的信用衍生品(speculative derivatives)为金融市场的基金股东产生更高的利润;没人注意到他的做法。当衍生品瓦解后,投资者——包括很多慈善机构和艺术机构——蒙受了高达25%的损失。该公司还失去了它花了几十年建立起来的与顾客的友好关系和公众信任。

- 一家高科技创业公司在发行首股两天之后,作为这家公司的创始人和"大脑"的CEO死于交通事故。员工和投资者在问:"这家公司还剩下什么?"

- 上百万美国人观看了一部电视记录片,画面中一家汽车制造商的汽车在模拟碰撞试验中腾起烈焰。很多人义愤填膺,发誓不再购买那家公司的轿车或卡车。一个月之后,公司公布了电视片出品人操纵撞车起火的证据。但真相对公众的意见几乎没有影响;对公司及其声望的破坏已经造成。

上述事件都是在真实的公司里发生的真实危机。你对这些事件有过耳闻吗?你的公司会不会发生类似事件呢?

危机是一种突发的或者渐进的变化,它所引发的紧急问题必须立即得到解决。对企业而言,任何潜在的将导致雇员、企业名声和效益突然并严重受损的事件,都可以视为危机。

重大危机会影响整个组织,有时还可能导致破产,比如安然(Enron)和巴林银行(Barings Bank)的案例。管理者在组织处于危机中时,必须迅速行动,辨明危机根源,遏制它,最终以最小的代价解决危机。在这个意义上,危机管理是包括多种经营和保险在内的更大的组织危机管理系统的一部分。尽管每个读者都能回想起自己遇到的或另一个组织中发生过的危机情况,但几乎没有管理者积极为应对潜在危机而筹谋,更无人接受危机管理培训。这些缺陷都不会让我们吃惊,因为危机管理作为正式的研究和培训领域相对较新,仅有 30 多年的历史。本书的目的是通过讲解危机管理的基本知识来改进这种情况。它不会使你成为专家,但它会给你一个实用框架,可以借此直接面对并控制意料之外的毁灭性事件。

本书内容前瞻

你是否曾经停下脚步,想一想公司可能会出现的很多问题?有些危机是大自然造成的:引起瘫痪局面的暴风雪、地震、洪水。还有些是因为人蓄意犯罪:心情恶劣的雇员来办公室时心怀嫉恨,受信赖的金融职员秘密策划逃避公司的合法税务责任。潜在的组织危机来源非常多。在本书的第 1 章,我们盘点那些常见的来源,并提供实用和系统的方法,使你能识别最有可能影响你的公司的那些危机——实际上,是一个危机的风险稽查(risk audit)。它会帮你在潜在财务影响和出现可能性的方面按轻重缓急清点那些危机。

当你完成了对危机的风险稽查并决定了其元素的轻重缓急之后,你便可以进入下一步骤:躲避风险。第 2 章讲到,管理者无时无刻不在进行危机规避(crisis avoidance),甚至是下意识地躲避。

危机规避可以很普通，如通过内部财政控制措施以防止挪用，也可以是复杂的，如某种让购买者在使用公司的新式食品刀时不会弄伤自己的设计。本章提供了你和同事能用来系统觉察和避免与你的风险稽查项目有关的危机的方法。此方法要求对避免危机的代价与危机发生时可能付出的代价做比较。通过比较危机发生的潜在代价与避免危机的代价，你会对如何分配有限的资源做出更明智的决定。

第 3 章是关于应急预案（contingency planning），或者说为了明天的潜在挫折，今天就要做好准备。应急预案包括在危机发生前谋划并做出决定，此时有充裕的时间考虑选择方案，没有压力，没有恐慌。应急预案不是为了阻止危机，但是它能够减少危机带来的损失，使局势尽快恢复正常。本章提供了应急预案的五个步骤：组织制订计划的团队，评估问题的范围，制订计划，测试计划，不断更新计划。只要具有针对每一个不可避免的严重危机的应急预案，你就有可能平安地度过未来的危机。

第 4 章将帮你在危机失控之前识别危机局势。有些危机不言而喻：半夜你接到电话，你的成品仓库着火了，马上要倒塌。这样的危机没人会搞错。另外一些就不那么明显。例如，女性职员彼此之间在抱怨男性老板的不当举止，但无人对人力资源（human resource）部门反映过。出现了流言，但没有什么得到确认——并没有人在核实这些传闻。

有些危机像失火一样，它们始于无人注意的角落，如果你闻到了烟味及早灭掉它，那你就防止了一场大危机的发生。如果不予理会,这些暗燃着的麻烦很可能会发展成灾难性的地狱。你是否不断听到关于一个经理不守规则的传闻呢?公司是否解雇或忽略了不断抱怨安全问题的职员?你的直觉告诉你这里出了问题吗?关于危机识别(crisis recognition)的第4章,会提醒你注意迫近紧急危机的早期信号,并解释了为什么很多这样的早期信号被忽略掉。尤其有益的是本章提供了实用性的建议,可以使你的组织以更契合的方式识别那些危机警告信号。

危机管理团队识别出问题后,它的第一职责就是在危机没来得及变糟糕之前遏止住它。第5章敦促危机管理者(crisis manager)要迅速、果断地行动,以人为首要保护对象,出现在现场显眼的地方,进行开放式沟通。这些行动会有助于遏止危机。的确,迅速果断地行动说起来容易,做起来难。危机的早期信息往往极少。但坐等所有信息被收集起来并得到处理,等于给危机以时间,以可乘之机。那么管理者应当做什么?本章建议他们在形势不明朗时,求助于他们受过的训练和做过的计划。他们还应当让他们的价值观和直觉引导自己。

第6章是关于危机解决(crisis resolution)的问题。在遏止前线,迅速有效的行动,会使危机更小、更容易管理,自此,危机管理团队的工作就是掌控住问题,问题不解决,局势不恢复正常,决不放手。本章建议此时行动和沟通同样要迅速。有些情况下,例如自然灾害之后,危机管理团队会发现,项目管理(project management)的工具在解决问题中特别有用。本章讲到,危机和项目有很多共同因素。例如,二者都是非常规、少重复的行为,而且都需要来自很多不同功能部门的人的技术和经验。本章在危机解决的情境中,解释了项目管理的主要阶段。

媒体——报纸、电视、广播——代表了对危机管理者在沟通上的特别挑战,极少生意人受过这方面的训练。聪明地对其加以利用,媒体会受你摆布。但是另一方面,利用不当,可能出现人为刀俎,我为鱼肉的困境。第7章提供了如何应对媒体的建议。此外,本章建议你分割不同的受众,分别提供适合他们各自需要的信息。其实你的公司在与市场顾客的沟通时就是这样做的,在与各种利益相关者——雇员、供应商、投资人、社区领导等等——沟通时,你也应当同样做。本章还建议通过适当的媒介来传播各种不同信息。

最后一章是关于学习(learning)。每个危机都代价极大。即使你有效地解决了危机,并且具有相当的专业水平,也必然会付出代价:金钱、时间、士气和公众形象。最好能够做到吃一堑,长一智。聪明的组织从每次危机经历中学习,并且把学习所得运用到未来的挑战中。学习使他们更敏锐、更有效。本章会告诉你如何解散危机团队,同时如何利用它的经验避免或预备以后的危机,防患于未然。

读完这些章节之后,你会看到一些补充部分:两个附录、一份书目(所列的书和文章,可备扩展危机管理知识时查览)。附录包括:

- 紧急联系人及电话名单;

  填好名单,确保名单经常更新,放在身边以防备未来的危机。

- “30个潜在危机的警报信号”对照表。
- 记录危机中所学经验教训的工作表。
- 新闻发布稿的写作指南。

“扩展阅读”部分包括了最新的书和文章——很多是经典——它们或者为所论及的问题提供更多的材料，或者表现出很独特的角度。如果你对本书涉及的任何话题想进一步学习，这些参考书会给你帮助。此外，哈佛商务指南的官方网站：www.elearning.hbsp.org/businesstools，免费提供本书和该丛书的其他书所提到的互动版的工具、对照表和工作表。

本书的内容得益于多种来源的著作，特别是“哈佛管理导师”（Harvard ManageMentor®）的危机管理模块（the Crisis Management module），它是由哈佛商学院出版公司（Harvard Business School Publishing）在线服务所提供的。

1 清点潜在的危机

1 清点潜在的危机
——哪些问题会惹麻烦?

本章主要话题包括:

- 潜在危机的主要来源
- 系统稽查危机风险
- 评估不同危机的实用方法

理想的危机管理是在危机真正出现之前的安定、客观的环境下开始的。它开始于对组织风险(organizational risks)的彻底检查和对可能造成重大问题的组织危险的识别。本章将说明如何进行这样的检查,并为你提供一个方法,用于按轻重缓急清点那些具有很大的潜在性和可能性的,将会造成麻烦的危险。但是首先让我们来考察一下潜在危机的主要来源。

潜在危机的来源

当然不可能列出每项潜在的组织危机,但是了解一些重大危机的种类,能帮助你识别出你与组织在可能的情况下需要避免的危机类型和应当防备的危机类型。许多危机是由公司业务的独特性决定的。例如，医疗器械生产商可能面临着严重的危机：它受到了产品责任起诉，原因是其器械使使用者受到了伤害或产生了伤害性的副作用。还记得罗宾斯(Robbins)，达尔金·希尔德(Dalkin Shield)子宫内用避孕装置的生产商吗？现在罗宾斯已不存在。大量的身体受伤起诉已经迫使它破产。

经验已经教会了很多公司密切关注与行业相关的危机来源，并且逐步制定出应对它们的计划。参考如下事例：

● **大型航空公司。**从统计数字看，乘坐大航空公司飞机的乘客，几乎比使用任何其他交通方式的乘客都要安全。但是，哪怕坠机一次都是灾难性的。认识到这一脆弱性，所有航空公司都高度重视坠机的隐患、如何预防、如何做好善后工作。大多数航空公司还对可能出现的劫机做好了充分的准备。

● **化学和石油公司。**这类公司必须从始至终提高警惕，提防爆炸以及污染性的毒性物质泄漏到环境中的可能性。发生任何一次这样的事故，都可能造成严重危机。

● **食品加工业和包装业。**目前的肉类、奶类和其他食品大量加工，同时意味着大量污染的、有致死可能性的食物能被迅速地扩散到广大地区，并且在问题被发现之前已经造成危害。2001 年就发生过一起这样的事件。当时，全球最大的牛肉生产公司艾奥瓦牛肉罐头公司(IBP，Inc.)不得不召回被大肠杆菌(埃舍利希氏杆菌)污染的 566,000 吨牛肉——这是其一天的产量。到召回令宣布时，那些牛肉已经被分送到美国的 31 个州，而且大部分已经被不知情的消费者食用。农场一级的生产商面临的灾难的危险甚至更大。英国在疯牛病和口蹄疫期间的经历证明了这一点。疯牛病和口蹄疫的爆发致使很多制造商资金瘫痪,农业社区遭到摧毁。

- **金融服务公司。**证券经纪人在顾客信用方面长期处于公关困窘和危机状态。这大多是由于个别的股票经纪人提供的投资建议不当引起的。这类问题通常通过仲裁解决。破坏性更大的案例,则源于经纪人没有在他们鼓动代理人推荐给顾客的投资上尽到应尽的努力。例如,在20世纪80年代,美国的许多经纪人所推销的一家保险公司发行的付息养老金,后来被发现它没有履行承诺的能力。而经纪人却把这个养老金宣传为安全的投资,适合于退休者以及其他不愿冒风险的顾客,这一事实使后果更加复杂了,结果他们向受损失的顾客赔偿了数以亿计的美元。

你的公司最脆弱的领域是哪些?有没有人正关注着它们?

事故和自然事件

事故或灾难性的自然事件可能突然袭来——地震、台风、龙卷风、飓风、暴风雪、洪水、火灾或其他灾难。别以为它们不会找上你。位于芝加哥市中心的商家从未想过洪水灾难会在它们那里发生。但1992年初,反常的事故淹没了它们的地下室,使电力系统、供水系统和供暖/冷气系统全部瘫痪。事故起因于建筑工人在朝地下打桩基时,在分布着沟渠的芝加哥河(Chicago River)河底戳穿了一个轿车大小的洞,芝加哥河是一条缓慢的水道,静静地,蜿蜒流经市中心。河底的洞使河水泻入一个废弃的铁路隧道，很快泛滥，河水流到了温迪城（Windy City）核心商务区主要建筑的地下室里。由于断电、断交通、无清洁水，数以千计的公司被迫关门三四天，损失高达10.95亿美元。

事故和自然事件的影响也可能是间接的。由于供应链的联系，世界上其他地区的火灾可能会在国内引起危机。例如，日本一家电池制造厂发生了全毁火灾，这给依靠日本工厂供应独特电池的摩托罗拉（Motorola）造成了严重影响，摩托罗拉某些产品的生产因此滞后达5个月之久。[1]

健康和环境灾祸

与自然事件不同，一些与健康和环境有关的灾祸，虽然未必是由某一个公司引发的，但会直接牵连到自己。此公司有责任——或者被认为有责任——处理好这些灾祸。请看下例：

- **产品被掺假。**来自外人的干预会损害消费者，也会影响产品和公司的整体形象。在损害了强生公司（Johnson & Johnson，J&J）形象的泰诺（Tylenol）事件中就遇到了这种情况。1982年10月，有公司外的人把混有氰化物的胶囊塞入装有这种畅销的止痛片的几只瓶子中，致使数人中毒。强生公司在此次危机中反应迅速有效，召回所有泰诺产品，调换上防填塞的包装。虽然公司没有引起死亡，也没有使人受伤，但它为此付出了巨大代价。合计产品召回、开发新包装和销售损失，总损失高达10亿美元。

● **毁灭性的事故。**它们代价昂贵，给人带来真正的破坏，并且因为随后的诉讼所引起的对公司不利的新闻报道，会长达数年之久。1984 年，发生在位于印度博帕尔(Bhopal)的联合碳化物公司(Union Carbide)的化学厂爆炸案，仅以死亡和受伤情况看(据估计，7,000 人死亡，伤者更多)，可能是当时多年罕见的最严酷的灾难。紧随其后，1986 年又发生了前苏联切尔诺贝利(Chernobyl)核电站灾难。这些悲剧性事故对公司、对受害者所造成的全部损失，都是无法估量的。

● **环境危害。**工业化国家经历相当长的时间才了解了环境，以及许多人类活动所加给它的负面影响。很多公司已经采取积极措施，消除或减少它们的行为对环境可能造成的破坏。仍有一些公司冒天下之大不韪，照旧经营，直到罚款和公众的谴责一起砸在它们的头上。有些公司至今不得不为以前的管理者的行为而补缴代价，虽然那些做法在当时并不是非法的。通用电气公司(General Electric，GE)在纽约哈得逊河(Hudson River)持续的问题就是最好的例证。好多年前，通用电气使用多氯联苯材料(PCBs)在哈得逊河沿岸的工厂生产变压器和其他电器。大量多氯联苯物质进入了河水、沉淀到河底。20 世纪 70 年代，多氯联苯对健康的影响为人们熟知后，美国禁止了它的生产和使用。通用遵从了新的法令，但多氯联苯物质仍然存在于工厂附近的河底沉积物中。结果是长期的诉讼、健康研究，近来，又计划花大钱疏浚河床，以挽救哈得逊河部分水段。

技术事故

还记得2003年的大断电(Great Blackout)吗？美国电力网的一个小故障使自纽约到中西部的大片地区电力中断。本书写作时，这次事故的损失仍在计算中。意大利和挪威在2003年也发生了类似事件。

大规模发生的技术故障，也会小规模地发生在个别公司中。谁都知道服务器出问题是怎么回事。邮件不能收发、进入数据库的通路堵死了，顾客不能在你的网站上发订单。当然，短暂的干扰很少构成危机。但是有些却后果严重。例如，2000年2月，电脑恶搞者们发动了网络时代的第一次大袭击。他们的目标包括雅虎(Yahoo!)、亚马逊(Amazon.com)、eBay、CNN、E*Trade——全是最大的运营商。这个案例的武器是"拒绝服务"，袭击者的方法是用几千次点击来轰炸目标服务器。

eBay的网上竞拍社区在这次袭击中受到严重打击。那天竞拍的卖家，没有找到几个出价人。问题不是没有出价人，而是他们不能完成最后的出价。eBay以及几千卖家损失严重。

后援能力的功效

虽然 eBay 在 2000 年 2 月的网络袭击中遭受损失，eBay 比其他大多数遭袭对象的损失都小。戴维·邦内尔(David Bunnell)和理查德·吕克(Richard Luecke)写道："由于 eBay 有升级电脑基础设施的长期计划，因此实际上 eBay 的问题……比预料的要轻。eBay 为了保障足够的储备容量，投资了约 3,000 万美元支持服务器和其他设备……。这些增加的容量抑制了所受打击的力度。"这个受欢迎的拍卖网站，仍然需要补偿在拍卖中受破坏的卖家遭受的损失。并且它必须向社区用户保证采取措施，防止类似事故再次发生。尽管如此，额外作为基础设施的储备容量的确使事件没有酿成真正的危机。

来源：David Bunnell 和 Richard Luecke, *The eBay Phenomenon* (New York: John Wiley & Sons, Inc., 2000), 151。

随着业务越来越依赖于电脑进行交流、储存信息、进行研究、买和卖，技术故障的潜在危机也在增加。很多公司现在没有智能化的机器和软件就不能运作。但是，电脑的使用和电子交流操作使这些公司非常容易被下列问题击中：资料丢失、安全被破坏、恶意的黑客袭击、日常设备瘫痪。

你的公司的技术弱点在哪里？有人在采取措施发现和保护它们吗？

经济和市场的势力

股票经纪人和经济学家喜欢说"潮起船皆高"。意思是说在良好的经济时期所有(或大多数)行业都会运作良好。相反的说法是，"潮落船皆降"。股价会一起跌落——即使是业绩优良的公司也难以幸免。

的确，所有的商业的财富都在某种程度上受制于经济循环性的盛衰浮沉。在低潮阶段，对于固定投资高的公司尤其危险——突出的例子像劳动合同不灵活、大笔投资于工厂和设备的制造商。在收入无几的衰退时期，他们的月账单依然保持在高线，从而发生现金困难，并在某些情况下引起相应的企业危机。

有些公司会发现自己处于忽冷忽热，荣辱交替的情形下。生物技术和网络公司就是惹人注目的例子。投资者忽而喜欢它们，忽而蔑视它们。而这些公司——大部分是白手起家的创业公司——只能依赖投资者定期融入资金来维持生存。请看下例：

一家年轻的从事干细胞研究的生物技术公司，每月至少要“烧钱”10 万美元。它只有 120 万现金，还没有可出售的产品。这意味着它必须在 12 个月之内从投资人那里融到新资金。

这是危机吗？未必。如果这家生物公司受到投资人的青睐，如果它在研究某种常见病的神奇疗法方面拥有值得信赖的科研力量，可能会引来更多的资金。但是假如生物技术失宠了，投资就会难以为继，公司就会大祸临头。一旦资金用光，它就分崩离析了。

如果你已经在公司干过几年，你会明白它怎样受到商业周期盛衰浮沉的左右。在你的公司，财务主管有没有为在衰落时期支持公司的偿付能力而做好计划？他的计划可靠吗？是否受过检验？

行为不端的雇员

所有公司都靠人来做事。我们的时代跟以前相比，控制范围更广，对速度和灵活性要求更高，公司给予雇员的决定权越来越大。总体上说，授予雇员权力是件好事，使过去在等级制度管理下被压抑的个人创造力和干劲得到释放。但是授予雇员权力也有不利的方面。如果不经受严格监督或磋商，雇员有可能把公司置于危机中。下面是几个例子：

- 某大城市警察局的三名女巡警连续不断地遭受性骚扰，而负责该辖区的副巡官对此漠不关心。事实上这位副巡官已被授权执行该城市的法令，禁止此类行为的发生，而在此案例中法令未被执行。三名妇女再也无法忍受虐待，她们把警察局副巡官、警察局和市政府告上法庭。她们赢得了90万美元的和解费，而整个警界都为此名声扫地。

- 2001—2003年发生在波士顿的臭名昭著的恋童癖者丑闻中，高级教士以例行公事的态度掩盖了十多位虐童神父的罪行，这种做法已有多年。面对教外人士的抱怨，他们的做法是把行为不轨的神父转移到其他教区，使那些神父在新教区得以继续害人。对这些罪行以及掩盖罪行的行径的揭露，造成了丑闻，结果波士顿大主教终结了他的职业生涯，教会为摆平这场官司花了8,500万美元，同时教会的尊严受到了严重的损害。

有些行业竭尽全力保证公司雇员或公司代理商的监督者不做违反法律或道德的事。例如，证券公司的注册代理人（更常用的名称是股票经纪人）被要求遵守其行业的第一条戒律是“了解你的客户”。在进行任何交易之前，股票经纪人必须搞清楚顾客投资的动机、投资知识、收入、净资产、对风险是否敏感。股票经纪人推荐给顾客的股票、债券与其他金融产品,必须适合这些顾客因素——这是此行业的第二条戒律。股票交易规则要求监督者,监督每个股票经纪人的交易都遵守这两条戒律。此外,每个公司都必须有一个以保证所有交易都符合政府法令和交易规则为目标的合规部(compliance department)。

尽管有调节、培训、监督合规部,但证券业的欺诈行为一直未能根除。没有一个月不发生类似的事,不愿冒险的寡妇被游说,用毕生积攒的存款购买了没有投资价值的投机股票和价格低、风险大的债券,或者是股票经纪人拿回扣的其他金融产品。尽管这些违规行为很少上升到使证券公司陷入危机的水平,但是它们暴露之后,会玷污每个经纪公司都赖以生存的可信赖的形象和良好监护。2002 年岁末,12 家美国大金融服务公司就经历了类似的事件,它们为此偿付了总额超过 10 亿美元的罚款和法律和解费。美国证监会(The Security and Exchange Commission)和政府监管机构指控这些公司允许让利益冲突左右它们向顾客推荐的产品。检举人揭发一些著名分析家言不由衷,他们私下贬低一些公司的前景,却又向投资人兜售它们的股票。原因在于利益冲突促使分析家拍发行公司的马屁,以便获得这些公司酬金丰厚的金融业务。

你的公司有没有作为代理人的雇员行不由径,另有一手呢?如果有,当心!即使他们精明能干、能挣来钱,但他们的方式很可能坏了公司的名声。你的经理和监管者们怎么样?他们正在履行职责吗?还是倾向于只要下属有工作成果,其他的就睁一只眼,闭一只眼呢?

自然事件、健康和环境、技术、市场力量以及行为不端的雇员，都有可能毁坏公司任何乃至所有的最重要的财产：它的人力、经济效益以及名声。这些不是潜在危机的唯一来源，但是在进行危机稽查时必须考虑它们。

一个欺诈雇员是如何毁掉一家有几百年历史的银行的

巴林银行(Barings Bank)成立于18世纪，是英国金融界的老字号了。英国皇室是它的客户。巴林银行有位名叫尼古拉斯·里森(Nicholas Leeson)的雇员，他在巴林银行的新加坡分行工作。里森的老板发现，他在套购期货合同——即试图在不同市场，特别是在大阪证券交易所(Osaka Security Exchange)和新加坡国际货币交易所(Singapore International Monetary Exchange)用同一个合同利用差价牟利。套购一般不算冒险游戏。经纪人在一个交易所买合同，然后立即在价格稍高的交易所卖出。虽然交易所间的价格差异通常不大，但是套购者的大宗交易量仍可以让娴熟的操作者赚到可观的利润。

但是，在伦敦的老板不知情的情况下，里森玩了更危险的把戏，用同一个期货合同同时买卖看跌期权(put)和看涨期权(call)：这种策略被称为"多空套作"(straddle)。如果市场稳定，里森可能就赌赢了，从银行赚到大笔资金，但天有不测风云，恰逢日本神户(Kobe)发生了的灾难性的大地震，造成了巨大的价格浮动，也因此破坏了里森的机遇。为避免损失，他疯狂地增加了赌注。他图谋利用一个假账户，通过买进巨量的合同人来抬高该产品的价格。阴谋终于败露，可怕的损失接踵而至。令人尊敬的老牌巴林银行破产，里森则进了监狱。

里森的经理对他监督不严吗？有可能。更严格的监督会在破坏发生之前发现他的赌博性行为吗？也许会，也许不会。期货和期权的交易策略复杂得令人难以置信。而且里森使用假账户这一点，让即使是最严格的监督也难以觉察他的诡计。

识别潜在危机

稽查危机的第一步就是知道在哪里去寻找潜在危机。下一步是系统考察这些来源，以便识别在未来会导致麻烦的是什么。有些因素兆示着代价很大的危机，有些则兆示着发生可能性较大的危机。这时还无须担心不同危机的量级和可能性。现在只需要把可能导致大麻烦的事情列一份清单。

三个臭皮匠顶个诸葛亮

在寻找潜在危机时，要查询广泛的信息。人们对危机的观点不同，有些人会把别人完全忽略的看作是潜在危险。通过与各类人——项目组成员、运营部门的职员、公司职员、客户以及供应商——交谈，你能获得一些令人吃惊的信息。例如，销售商可能告诉你："由于轮胎爆裂，你们公司大批 34—973 型号的汽车轮胎上个月被顾客退货了。"这条信息会促使你更认真地查下去。轮胎爆炸是危险的，它可能引起顾客受伤，还要加上产品召回的损失。销售商的经验可能暗示了公司一个潜藏的且危险的问题。

为了最大限度地利用可以获得的他人的意见，必须让人们能够自由发表意见——也就是说，公开讲出他们看到的即将发生的问题。如果举报者一如惯例地受到惩罚，高级管理层轻视他们的警告，员工就会三缄其口。例如，一线的销售员们都在私下抱怨他们的老板花在办公室或高尔夫球场上的时间太多了，几乎没花时间正视公司面临的威胁。但是大家谁都不公开说，害怕给自己造成不好的影响。结果是这家公司的产品丧失了市场份额，公司也被竞争对手收购了。

对于员工们的警告，你的组织开明接受的程度如何呢？提出警告者是受到奖励，还是被忽略、被惩罚呢？

使用系统方法

完成彻底的危机稽查的最佳方法是通过经营单位、部门和工作团队进行。高层的管理部门可以提出重要的见解，但是最有资格发现产生危机形势的人，远在组织的基层。这些人定期会面，制订计划，形成预算，评估竞争，评估自己的业绩，并且确认改进的时机。危机识别应当成为他们工作表中的一项内容。请看下面的例子：

比尔特伊(BuildIt)是一家中等规模的生产商，企业各部门的经理们——生产部经理、营销部经理、库存部经理和采购部经理——正在开会讨论工作计划和生产水平。他们每隔几个月就开一次这样的会议。作为会议的一项方针，他们会花部分时间对企业危机进行一番头脑风暴。企业面临的很多危险都是普通的，如生产线员工受伤的潜在危险、严重的设备瘫痪。这些危险各有应对之策——前者通过保险这一公司的严格安全计划解决，后者通过备用设备解决，所以这些问题并不是讨论的焦点。

这些经理最重视的是他们无力或几乎无力控制的外在危机。讨论过程中，营销部经理提出了可能会失去一个重要的客户这个问题。“过去五年里，哥兹莫公司(Gizmo Products)的采购占我们销售额的几乎25%，”销售部经理说道，“它一直是值得信赖的客户。”然后他解释说，跟他一直维持良好关系的哥兹莫公司采购部经理下半年就要退休：“经理的接替者要从外边聘，所以我没把握会出现什么情况，或者我们在哥兹莫公司的利益会有什么改变。新任的采购经理一定会重审所有重要的客户，可能会有不利于我们的变化。换了新人，有50%的可能性失掉这个客户。”

与会经理们认为，可能会失去哥兹莫公司这个客户应当被当成一个重要的会扰乱他们的计划和预算的危机。它还会导致公司的财政危机吗？生产部经理说：“对于公司来说，25%可是一块巨大的市场，它是我们必须严密监控的危机”。

在识别潜在危机时一定要做到系统化，上面的这种讨论应当在公司所有部门和所有层面进行。不要把这件事仅留给最高管理层，高级经理们不会熟悉在五楼做数据输入工作的失意的、爱生气的亨利(Henry)，他们不会知道亨利的上级忽略过他，把升职的机会给了亨利瞧不起的贾尼丝(Janice)，他们也不会知道，亨利的妻子刚刚提出离婚起诉，要求得到房子、孩子的监护权，还有亨利税后工资的三分之二。高级管理层对亨利可谓一无所知，即便他是一枚定时器嘀哒作响、没有任何警报就会爆炸的炸弹。

什么是你的公司的定时器在嘀哒作响的炸弹？图1—1：“可能

发生的最糟糕的10件事”是一份你和同事可以用来识别重要危机，以及如何应对危机的工作表。你可以从哈佛商务指南网址下载这份工作表以及其他有用的工具。网址：www.elearning.hbsp.org/businesstools。

图 1—1

可能发生的最糟糕的10件事

有些经理发现，在表中列出工作中可能发生的最糟糕的10件事以及应对策略，很有好处。用这个工具你可以制作自己的图表或由团队、工作组来制作此表。

情况	我/我们如何反应
1	
2	
3	
4	
5	
6	
7	
8	
9	
10	

来源：Harvard ManageMentor® on Crisis Management。

模拟刺客的头脑

当人们开始考虑可能震惊公司的潜在危机时，他们首先想到的是他们曾经经历过的或者在新闻中得知的那些危机。要使思考超越个人经验更加困难，但真正的危险恰恰潜伏在那里。伊恩·

迈特罗夫(Ian Mitroff)和穆拉特·阿尔帕斯兰(Murat Alpaslan)建议,使用一个新颖技巧超越上述的限制——扮演一下内部刺客的角色。他们解释说:“我们经常要求……管理者把自己设想成为内部的刺客或恐怖主义分子。这种想法让他们暂时把理性和道德信条搁置起来,利用对公司产品、程序、系统的熟悉了解,虚构出各种从内部或外部搞破坏的方式。”[2]

迈特罗夫和阿尔帕斯兰列举的例子是一家医药保险公司的管理人员组成了三个“恐怖主义分子”小组。要求每个小组都策划出计谋,使独立雇员、外人、内外合伙的骗子能够用来偷窃公司。“让所有人都非常吃惊和尴尬的是,三个小组都想出了组织不可能察觉的有独创性的诡计。”接着再要求公司组成反恐团队,寻找挫败这些诡计的方案。这项模拟精确显示了公司最容易遭受欺诈的运作领域。

识别潜在危机的技巧

你的公司有识别危机的系统性方法吗?如果没有,下面是一些实用的建议:

- 使危机识别成为企业规划和评估的常规组成部分。一旦它成为管理过程的一部分,参与者会对可能演变成全面展开的危机的风险有更明确的意识。有些公司已经制定了稽查计划——它们让管理者自始至终地负责识别那些威胁。针对诸如火灾、暴力行为这样的威胁,它们每年都要联合当地相关部门模拟演习一到两次。
- 自上而下在所有级别进行危机识别。所有的相关人员都要包括进来。

● 除了想到组织内部,也要想到外部。这意味着要想到客户、供应商、行业分析家以及其他人。

● 把你能想到的所有破坏公司的办法都想出来。你能想出的,别人也能。

你能想出欺诈你的公司并逃脱处罚的办法吗?你能想出办法通过破坏公司产品使消费者身体受到伤害吗?如果你做得到,那么几乎可以断定其他人也同样能做得到。

按轻重缓急清点潜在危机

直到最近这些年,公众才开始听说小行星有一天可能会闯入我们的星球的新闻报道。如果它像 1908 年落到西伯利亚的那颗那么大,且落在稠密的居住区,将会使数百万人丧生。要是来一个十足大的,它将会毁灭我们所知道的文明,灭绝人类。有此大难当头,还有必要谈什么潜在危机吗?

除了少数科学家和一些强迫症型的自寻烦恼者已经把来自小行星的威胁列为最大的危机外,我们大多数人并没有为此少睡一点觉。理由非常简单:虽然小行星闯入的后果是毁灭性的,但是它发生在我们这辈人和我们的下一代身上的概率极其微小。科学家认为类似西伯利亚的事件每千年左右发生一次。很少有人关心可能性这么小的事情,尽管后果损失巨大。他们有更临近的事情要担忧:在股票市场损失退休金,被飞驰的汽车撞上,或者罹患重病。这些都会导致个人危机,而且它们真正发生的可能性都相当大。

什么事让你夜里失眠？

显然，我们有选择地关注危机，也理当如此。有些危机更值得我们注意——而我们的精力是有限的。实际上，我们应当把注意力分配在比较大的危机上。但是，有相当多轶闻趣事一样的证据表明人们并不都善于处理危机。例如，他们会担心被闪电击中（可能性极小），但是却毫不犹豫地在交通繁忙的城市街道横穿而过（受伤的可能性大得多）。再如，1970 年电影《大白鲨》在剧院上演时，很多人对前往海滩产生了本能的恐惧。他们想象吃人的鲨鱼埋伏在浅滩里，随时准备发动袭击！很多人真的取消了海滩度假计划，另寻消遣。我们知道，在大部分地区被鲨鱼吃掉或伤害的可能性微乎其微，可以忽略不计。相反，具有同样破坏力的交通事故发生的可能性要大几千倍，但是这却不能阻止恐惧鲨鱼的老百姓在高速公路上驾车飞驶。

作为商人，除非我们对所面临的危机考虑周全，否则可能忽视真正威胁着我们的危机，而把注意力扩散到杞人忧天的事情上。避免这种错误的方法之一是使用一个简单的数学运算，即预期值。这个法则最简单的形式是：预期值等于事件的预期结果（E）乘以事件发生的可能性（X），或者表达为：

$$E(X)= \text{预期值}$$

通过这个简单的公式，可以利用事件发生的可能性来估价预期结果。让我们假设，医药费、收入损失和因被大白鲨吃掉一条腿的个人精神损失合计为 200 万美元，此事故的可能性估计数为百万分之一（0.0001％或 0.000001）。为了举例说明，我们再假设上班路上因交通事故造成的损失数目与此等值，但是它的发生几率却高得多：千分之一(0.1%或 0.001)。由此可知，鲨鱼事件的预期值是 2,000,000×0.000001＝2 美元，没有什么必要担心。相比之下，开车出事的预期值则是 2,000 美元，是鲨鱼事件预期值的一千倍。这个小计算也许有可能说服那些人，让他们知道去海滩度假完全没有问题。

你可以用这个方法，按轻重缓急的顺序来分配你在进行危机稽查时发现的诸多危机的注意力。该稽查已经识别出十多种你的公司或单位的危机，可以按照下面的步骤对它们进行初步的排序。

第一步：估计每一个危机的负面影响，用钱数表示。例如，"拖延一个月的损失是 25,000 美元。"

第二步：百分比数值(0%到 100%)表示危机可能性。例如："拖延一个月的危机可能性是 40%(或 0.40)。"

第三步：用钱数的影响乘以可能性。例如：25,000×0.40＝10,000美元。实际上，预期值是用发生概率所衡量的美元值的变化。

第四步：将稽查表按照预期值的大小进行排列。

表 1—1

比尔特伊的危机(BuildIt's Risks)

危机描述	影响估计	发生概率	预期值
我们的零件价格全面下跌 10%	年运营总收益减少 $2,000,000	35%	年运营总收益损失 $700,000
失去客户哥兹莫	每年损失收入 $4,000,000	50%	每年损失收入 $2,000,000
运输业罢工引起原材料供应中断	利益损失 $300,000	15%	利益损失 $45,000

按预期值大小排列的列表会使你更洞悉面临的危机。表1—1表示的是我们在本章前面提到过的比尔特伊的经理识别出的三种危机的预期值。你可以看出，失去哥兹莫公司这个客户，按概率核算对公司影响最大，这里正是比尔特伊的经理和销售员们应该集中注意力的方面。如果公司有很多固定成本，如此大的收入损失会使它陷入财政危机。

可能不是所有情况下数学方法均为按轻重缓急清点潜在危机的最好方法，有两个理由：

1. 管理层可能根本不接受较后考虑一个影响大的危机——无论它多么不可能发生——因为一旦发生，就会给公司带来灾难。

2. 一些危机比另外一些危机更容易消除，花费也比较小。因此，容易避免的、预期值为2,000,000美元的危机，比不容易防备的、预期值为1,000,000美元的危机，更可能被较后考虑。

所以，把预期值作为量化的工具，然后还要使用定性评估来排列挑选危机的轻重缓急。

现在你知道了对可能使你的公司陷入困境的危机进行稽查的重要性，知道了到哪里去寻找它们。你也对各种核查有了些想法。最后一部分告诉了你划分危机轻重缓急次序的实用方法。现在你可以进入到下一个观念：危机规避（crisis avoidance）。

小　结

● 危机有很多来源，它们往往是一个公司业务领域所独有的。

● 事故和自然事件，健康和环境灾难，技术故障，经济和市场力量以及行为不端的雇员是组织面临的一些潜在危机。

● 在进行危机稽查时，查询广泛的信息，三个臭皮匠顶个诸葛亮。

● 通过具体部门进行危机稽查，第一线的人最有资格判明造成危机的情势。

● 识别危机的一个方法是把自己设想为内部的破坏者，反问自己："我会怎样破坏这个公司？"

● 一些危机比另外一些更值得管理层注意。

● 按轻重缓急来进行危机预防工作的一个办法，是用其可能的影响乘以其发生的概率得出预期值来量化危机。

2 避免可以避免的危机

2 避免可以避免的危机

——防小过胜于弥大祸

本章主要话题包括：

- 一些管理者和公司如何把危机规避作为惯例
- 用以概率为基础的危机稽查确定危机规避的代价
- 危机迫近的警报信号
- 避免自己造成的危机
- 利用保险管理危机

仔细地搜寻公司的危机源、核查可能酿成危机的事物，只是危机管理的第一步。下一步，也就是本章的问题，是确定哪些潜在危机可以规避。好的管理者每天都在做危机规避工作。请思考下面的例子：

海伦(Helen)是一家中等规模的零售店的经理。她预见到几个月之后，可能出现现金短缺，那样的话，公司将出现危机。为了避免现金短缺，她采取了几项措施。首先，她采取措施保证所有应收款项必须按期交付公司。第二，她与CEO联手，严格控制自由支配的开支。最后，她与当地银行达成协议以优惠条件获得一笔最高限额50万美元的信用贷款。如果前两项措施对阻止迫近的危机无效，最后一项会帮助公司平安度过危机。

当被告知公司的重要职员杰克(Jack)正在接受其他公司面试时,杰克的老板跟自己说:"如果杰克中途离开他管理的大项目,我们会损失严重。"因此老板采取措施,先从杰克的部门确定临时的替换人。"如果需要,谁会填补杰克的空缺?"他问自己:"如果没有现成的人选,那么我们最好的内部候选人需要哪些训练或经验才能达到标准?"

作为一家原始设备制造商的采购经理,卡尔(Karl)担心一种重要的元器件会在六个月后出现严重短缺,他因此采取了两项避免危机的措施。首先,建立调节库存,在供应受限制时,足够供应生产线运转数月。卡尔知道多余的元器件库存花费很大,但他更知道停止生产会是一场灾难。第二,他开始与另外的供应商建立联系。通过现在给这些供应商的小订单,他为将来紧急需要时下大订单打开了渠道。

商务房地产开发商汤姆(Tom)多年来跟很多建筑承包商打过交道。他们中只有少数存在工作质量问题,但是即使弥补一次质量问题也会代价惊人,还会引起严重的、损失巨大的工期延误。经验告诉他,很多承包商以最经济的方式在预算内准时完工,汤姆在每个合同中都写明质量细则,然后他定期监督遵守细则的情况。"如果承包商没有正确履行合同,我希望按照规则及早知道,"他说:"要是粗心大意,小问题会成大麻烦。"

所有这些经理都意识到了危机,并且采取措施避免或减轻危机。这样做是他们分内的工作。你的公司的经理和主管人员也应当做同样的事。

危机规避可以是非常普通的事,如控制挪用资金的财政手段,或者是防止浪费公司资源的措施。它也可以是很复杂的事,如产品设计。制造公司发现,它们可以通过更加重视产品设计而避免昂贵的法律诉讼、顾客抵制产品、负面新闻报道等危机。特别是它们还学会如何预想产品所带来的潜在问题。例如:

3M制造并出售几百个不同品种的胶片和附属产品。所有产品的生产都使用各色各样的化学物质。早在20世纪70年代,3M就受到来自公众和新成立的环保机构的很大压力,抗议公司每年制造的成吨的污染物。公司意识到这个问题只能越来越糟,3M的形象也随之每况愈下,于是公司决定启动一个项目,通过产品改造、程序修改、设备再设计以及废物利用,从源头上消除污染。这个命名为3P(代表"防止污染回报":Pollution Prevention Pays)的项目,帮助公司避免规章制度的纠缠,并且改善了公司的公众形象。3M估算,从1975年至2002年,3P减少了85万吨的污染物,也为公司节省了近900万美元。[1]

你的公司或部门可以通过类似3M的措施避免什么样的危机?像生产厂、化工厂、炼油厂这样的企业,最适合定位于通过产品与程序设计来规避在其出售产品或制造产品的过程中所发生的危机。

准备一个规避危机的系统项目

如果你已经做过危机稽查,那么你就可以进行危机规避的系统项目了。依循危机潜在来源的列表,为每一项找到合适的对象,针对问题进行讨论:我们能够做些什么,避免或消除这一未来危机的来源?这样做时,你会顺理成章地得出结论:避免一些危机比避免另外一些危机花费更大。例如,你在五个连锁店采取避免临时断电的花费可能是 5,000 美元——五个汽油发电机的费用。相比之下,避免因为聘用、解雇和提升员工时有歧视行为而导致潜在的诉讼案的费用,可能是 100,000 美元——这笔钱将花费在聘请劳动法专家核查公司聘任程序和实践,以及此后对所有管理人员的培训方面。

下面的例子说明一个公司或运作部门可以怎样解决这个问题。它遵循前面介绍过的预期值方法——即公司估计每个潜在危机在财产上的预期结果,危机发生的概率,以及相应的预期值(预期结果乘以发生概率)。在下例中,这家公司把此方法延用于确定避免列表上每个潜在危机的代价上:

哈罗德(Harold)是一家价值 3 亿美元的服务公司的信息技术主管。因为信息技术对于公司的日常运作至关重要,上级管理层要求他核查他的运作并确认每个可能使信息服务瘫痪的重要危机来源,评估那些导致瘫痪的危机的概率,并计算出它们对公司可能造成的损失。

哈罗德和手下接受了管理层的要求。但是,他们还做了进一步的工作。他们同时估计了避免每个严重危机的代价,“我们目前完成的工作非常有价值。”哈罗德说:“但是我们必须认识到避免一些危机容易,而避免另外一些危机则既困难又代价高昂。所以,我希望你们一起估算消除列表中每个危机所需的代价。一旦我们清楚这一点,我们就能更好地决定如何最佳地分配时间和资源。”

哈罗德的团队负责地满足了他的要求,提交了表2—1所示的总结报告。

表2—1

危机总结

来源	后果估计(每件事)	后果的发生概率(每年)	预期值(后果估计×概率)	规避费用估计
电力瘫痪(一整天或更长时间)	每天$120,000	10%	持续一天的事件$12,000;更大事件$36,000	备用发电机$10,000
由暴风雨或电缆中断引起的外部网络瘫痪	$70,000	15%	$10,500	额外的网络$60,000
交易或加工系统的硬件驱动系统突然故障	$70,000	10%	$7,000	备用系统$90,000
黑客袭击	每天$120,000加上资料被盗对顾客关系的损失	8%	$9,600	升级现有防火墙和病毒查杀系统$30,000
信息中心物理设备环境灾难	更换系统$900,000;业务损失$500,000	2%	$18,000	转移事发地点的信息中心$300,000;设备保险费$7,000

利用这个表格,哈罗德和他的团队遵照管理层的要求,就避免与信息技术相关的危机需要的代价做出了报告。这使得管理层能够更好地做出决策,也使哈罗德能够更好地确定,为保证IT持续

不断地为公司及其顾客服务，他所需要做出的改进。他申请到的第一件事，就是准许他花费10,000美元添置一台备用的发电机，因为这个花费比估算出的电力中断的预期值要少得多。

注意危机迫近的信号

不是每个危机都开始于起火、网络中断，或其他突发事件。很多是始于小问题，不经意间越变越大。如果管理层没有注意到、没有解决它们，它们会发展成为真正的危机。在规避危机的专题下，这样的信号应当予以关注。

渐生的危机有很多。一个让人难忘的案例是久负盛名的《纽约时报》(*New York Times*)，它一直以高质量的报道而自豪。2003年夏，《纽约时报》成为重要的，但却不光彩的新闻焦点。它的一名年轻记者杰森·布莱尔(Jayson Blair)被指控编造、抄袭新闻。这桩丑闻令《纽约时报》编辑部乱成一团，它玷污了这家报纸客观诚实的名誉。总编和执行总编双双被迫辞职。

令人遗憾的是，《纽约时报》的名誉危机同其他许多冲击组织的危机一样是完全可以避免的。几位新闻编辑早就对布莱尔的工作质量提出过警告，这非但没有引起管理人员的注意，相反，他还得到提升，报道更大的新闻。如果管理层对早期的警告较早注意，《纽约时报》可能就避免了一场灾难性事件。

你应当关注什么样的早期警告呢？这可没有权威性的列表。

不过，下面的这些信号表明未来的危机正在酝酿着：

- **很短时间里取得太多成功。**一名新来的商品经销代理做得非常好，超出了所有人的合理期待。他的经理有理由高兴，但是这个经理也应当警惕一种可能性：他的天才经销代理正在做违反法律、违反道德或违反公司政策的事情，因此才获得那么大的销售额。正如一位股票经纪公司的经理跟笔者所说："我对做得过于好的新职工，总是忧心忡忡。"

- **某雇员的生活水平超过他的收入水平。**当一位年收入9万美元的马萨诸塞州的前财政官员在波士顿城外买下价值百万的豪宅时，应当有人注意此事。那位官员——现已入狱——是一个贪污团伙的成员，被揪出来后，他们给政府抹了黑，激怒了海湾之州的纳税人。

- **忽视细节和标准。**我们都听到过这样的话："千里之堤，毁于蚁穴。"如果不注意，即使小细节也会造成大的危机。回顾一下瓦鲁杰航空公司（ValuJet）的592航班这一悲惨案例。1996年5月，地勤人员把几个制氧罐装上飞往亚特兰大的DC—9飞机的货舱。起飞不久，货舱起火，烟窜入客舱和驾驶室。不一会儿，飞机坠入佛罗里达的埃弗格莱兹（Everglades）国家公园，110名乘客和机组人员死亡。瓦鲁杰主动搁置了公司所有的飞行计划进行调查，直到3个月之后才恢复正常。[2]联邦调查人员后来说，有很多制氧罐没有安全盖，载货单上标着它们是空的，而它们并不是空的。若是当时注意了细节和标准，可能会避免这场悲剧，避免瓦鲁杰所陷入的财政危机。

● **不履行职责的董事会成员。**一些董事会成员忘记了他们是为股民，而不是为 CEO 工作。另一些人则在拿走厚沓的支票和优先认股权之后，对公司战略或方针不闻不问。例如，纽约股票交易所（New York Stock Exchange，NYSE）的董事会成员，他们在 2003 年把 CEO 理查德·格拉索（Richard Grasso）的年薪提高到 1.64 亿美元，招来了全国性的抗议，引起了人们对交易调节人员的关注。一名董事会成员毫无说服力的承认，没有意识到格拉索的薪酬问题。NYSE 案例不是唯一的。安然公司和世通公司（WorldCom）同样没有嗅到那些雄心勃勃的公司彻底垮台之前所发出的“烟味”。

记住大危机往往从小处开始。所以要提防危机迫近的警报信号。如果迅速、果断地应对，那么就会避免以后的大麻烦。

三思而后行

有些危机是自己造成的，如果不系统考量管理行为，其后果就会造成危机。看一看下面这个虚拟的例子：

约翰斯通机器厂（Johnstone Machine Works）的董事会同意管理层的计划，决定关闭设在小镇伐姆威尔（Farmvale）的有 300 名雇员的工厂，把业务转移到位于 300 公里外的一个更新、更大的城市。旧厂的雇员可在新厂优先试工，很多人可以选择提早退休。

管理层为这一转移,从财政和运作角度做了充分论证。但是没有认真考虑不能搬迁的年轻工人所受到的影响,也没有考虑对伐姆威尔这个城镇的影响。约翰斯通是伐姆威尔最大的雇主和税户,关闭工厂会毁掉这个小镇。这件事对公司的名誉会有什么影响呢?这件事对刚刚开始州长竞选的公司的创始者、董事长菲尔·约翰斯通(Phil Johnstone)的声誉会有什么影响呢?

这个例子中,没有人想到聚集在约翰斯通办公室外示威抗议的愤怒工人和市民的形象会出现在电视新闻中,也没有人预料到媒体会采访因工厂关闭而生意萧条的伐姆威尔的店主们。

公司会继续执行计划好的关闭决定吗?也许会,也许它别无选择。但是应当有人预料到将引发的公众抗议。也许会找到逐渐停办该工厂的办法,并避免发生公共关系危机。

关于避免麻烦的提示

要让你的公司和雇员躲避大自然威胁的可能性有限。但是,可以控制公司与雇员、客户、供应商、政府和媒体相关的行为,并使公司少受危机的损害。所以,遵守下面的提示:

- 无论处在顺境还是逆境都做个好的企业公民。如果你的公司在公众中享有好名誉,那么,在危机时你会得到支持,而不是攻击。摇摆在正邪之间,微软(Microsoft)没能树立起好的业者名声。很多人认为它的商务行为是掠夺性的,国际互联网(Internet)成了关于其无处不在的操作系统错误笑话的流行论坛。所以,当微软被指控违背反垄断法时,没有什么联盟者为它辩护。

● 保持与媒体的合作关系。如果你平时对媒体公开、坦诚、肯帮忙，那么媒体在危机时刻也会对你更加温和友善。如果你习惯性地忽略媒体，或者采取敌视态度，那么，你的公司一陷入危机，笔锋锐利的记者或评论员就可能把你放上烤肉架。

● 与媒体、雇员、客户、供应商之间，要非常讲道德、讲诚信、做得很专业。在危机时他们会表示同情、愿意帮助你。

● 保持计算机和其他系统的更新，以避免技术瘫痪，并且迅速解决问题。

● 通过适应生意低落期情况的合同更新和磋商，防止危急时的劳工问题。

● 提防迫近的危机信号，不要忽略问题。相反，在它们上升为严重危机时面对并解决它们。

● 所有关键职位都计划好继任人选。如果你有合格的人选顶替潜在的空缺，那么，你就可能避免与人力资源相关的危机。

● 在涉及道德和法律要求时，别打折扣。那样早晚会让你惹祸上身，为你带来个人危机，为公司带来财政或公共关系危机。

别忘记保险

很多已经成形的危机可以通过保险削弱或消除。保险不能使公司规避危机，但是它能帮助避免一些或所有的负面财政后果。在哈罗德和IT部门的例子中，公司的硬件、软件以及信息中心的空间环境，都可以购买公司财产保险。一些尚未为人们熟知的保险类型可以保护企业避免严重威胁，其中包括重要雇员的人寿保险、业务中断保险。

雇员人寿保险

公司的重要人才因伤残或死亡而损失，是经常性的危险，但是我们极少留意。特别是小型的、封闭性公司，企业的价值可能与一两个人的手艺、关系、发明联系在一起。很多公司购买名为关键人(key man)的保险保护自己，预防这些人万一死亡或伤残。

贾尼丝(Janice)现年 55 岁，是一名不动产规划律师。在过去 20 年里，她成功地逐步扩大着她的事务所。她的事务所已经拥有 4 名合伙人、7 名同事、6 名事务员。不过，贾尼丝仍然是呼风唤雨的主角，公司的大部分生意都是她带来的。如果她出了什么事，公司将会怎样？为避免危机，这个事务所拿出 100 万美元为她购买了为期 10 年的保险，受益人为公司。如果她在保险期内死亡，公司会得到 100 万美元的死亡抚恤金，这笔钱足以使公司维持生存和运作，直到找到新的领头人。

其他公司也按照惯例为普通职员购买保险，把公司作为受益人。死亡抚恤金的数额通常相当于被保职员的年收入，也大体是公司招募和培训合格接替者的开支。这类保险从商业角度看是合理的，尽管这可能使一些人感到堵心。2001 年，一家全国性的报纸对这种做法进行全面报道之后，曾经引起骚乱。职员的配偶们对于公司从亲人的死亡中获益表示震惊。遭波及的公司为自己的行为辩护说，是公司而不是职员在支付保险费。然而配偶们依然义愤填膺。

业务中断保险

业务中断保险通常是更大的财产保险之下的条款,如果符合条款中规定的因发生与灾难有关的损失而造成公司不得不就地歇业时,投保公司就会得到收入损失的赔偿。例如,如果由于遭受火灾或洪灾,公司业务要停止三星期,保险公司会按规定弥补损失利润的一部分,取决于保险客户的财政记录。保险也能支付即便在业务活动不得不戛然中止时还依然持续的月账单,例如,电话服务。同所有保险一样,业务中断保险的保费数额,跟由保险商所认定的危机有关,也与赔偿数额的大小有关。

你的公司使用保险缓解危机吗?财产保险和责任保险足以防止公司遭受其他方法难以抵御的事件吗?对这些问题要确保得到权威的答案。

如果你是一位忙忙碌碌的管理者,你大概在想,本章又给你添了一件事情。你可能在想:"除了要处理不断出现的像灌木之火一样的小麻烦,我还必须聘用新人,汰聘旧员,评价我的所有直属下级的业绩,做出预算,创造真正的产品——而不仅是报告。现在,我还应当每年进行彻底的危机稽查吗?"

如果你稽查的结果没有转变为相应的行动,你有理由说"忘了它吧"!无论是你——如果你有权威和资源——还是是高级管理层,必须做到:(1)决定哪些危机应积极努力地避免;(2)针对它们干一些实事！你的评估不应被掩埋在公司报告的坟墓里。你识别出的潜在问题不会自动消失。只要其中任何一个演变成为现实的危机，你和高级管理层将会因为没有人做点什么以避免灾难而悔恨。

小　结

● 一些危机比另外一些更危险或者代价更大。利用概率危机评估来确定哪些危机可以通过管理行动或保险措施加以有效地消除。

● 很多危机从小问题开始。通过注意悄悄蔓延的危机信号，你可以在它们的危险和代价增高之前消除它们。

● 有些危机是自己造成的。这些危机可以通过细致预测公司政策和行动的后果，而加以规避。

3 应急预案

3 应急预案
——未雨绸缪

本章主要话题包括：

- 应急预案的五个步骤
- 应对危机管理团队始料未及的危机
- 用模拟法培训危机团队

很可能你难以把一些危机的可能性或潜在影响降低到可接受的程度。例如，一位在大型室内购物中心开店的店主，可能把自己的店内防火工作做得很到家，但是他不可能掌控同一屋檐下的其他 50 家店铺的防火措施。其中任何一家燃起大火都会在这个购物中心引起火灾损失，使生意中断几周甚至几个月。对于类似的情况，规避危机是行不通的方法，你必须做好意外事故的应急预案。

意外事故的应急预案包括在危机出现之前构思并做出尽可能多的决定。在危机之前做应对方案，给人们足够的时间来分析所有的选择、通盘考量事件、讨论不同反应的优点，甚至试测他们的行动准备。在正常时期做这些重要的工作相对容易得多，但是在危机期间做起来就会非常困难和紧迫。

让我们列举一个意外事故应急预案的例子：看看海

船是如何对付火警的——这是海上航行的轮船会遭遇的惯常威胁。船长和船员们不会等到爆炸点燃了部分船体才召开会议决定做什么。相反,在轮船离岸之前,防火计划就已经做好并实施了。每一位船上的工作人员——从长官到医生、到指定的防火员——都明白该做什么以及如何做。船上各处都备有灭火装置。

我们一直在施行着意外事故的应急预案,只是通常没有自觉到而已。例如,一位加拿大落基山(Canadian Rocky Mountains)的旅行推销员做了防备寒冬路况的应急预案。他明白有可能赶上暴风雪,或者他的车有可能滑出冰冻的路面,撞在路边的雪堤上,他备好一把铁铲、保暖的帽子和手套、一些格兰诺拉麦片饼、甚至一个睡袋,并且他确保手电筒和手机的电池充足了电。

几乎所有组织都做某些类型的应急预案。认识到火灾的危险,企业为办公楼的每一层都指定防火负责人,周期性地搞消防演习。同样,大城市为万一遭到生物战的袭击而制定计划。他们提前确定好如何反应、治疗伤员的地点安排在哪里,他们甚至储备药品和医疗器械,以免在需要时措手不及。伦敦市已经做了类似准备,制定了防止恐怖分子袭击地铁系统的应急预案。

应急预案不是为了阻止危机,它们是反应性的、因应事件而起的。它们可以减轻危机的负面影响,使局面迅速恢复常态。

你可以通过下列步骤制定有效的应急预案。[1]

第一步:组织一个制定计划的团队。

第二步:估计问题的范围。

第三步:制定计划。

第四步：试测计划。

第五步：不断更新计划。

让我们以一个中等规模的家族企业为例，对每一个步骤加以说明。

第一步：组织一个制定计划的团队

杰克·埃利奥特(Jack Elliot)和他弟弟博比(Bobby)成功地经营一家公司：埃利奥特印刷与出版公司(Elliot Printing and Publishing)：他们的父母在1960年开始创业，但是当儿子们长大成人，足以对付挑战之后，他们把大部分管理责任交给了两个儿子。这家人通过丰厚的报酬和利润与加入工会的印刷机操作工、配页装订工、包装工、发货员、非工会的销售员、绘图师、设计师、以及广告撰稿人共同分享财富。

一切顺利，杰克认为企业是个快乐的大家庭。但是，审查工会合同的时候，杰克得到了教训。工会的工人，特别是印刷机操作工，工资很高，但是他们要求更高的报酬，而且威胁说不满足要求就罢工。杰克只有六周的时间做决定：按付要求付给工资，或者冒企业肢残的危险。

杰克做事从不拖延，他让负责工厂运作的博比组成一个团队，应付这一潜在的危机。“我会尽力协商出一个工会和我们都接受的合同。”杰克跟他说。“但是我们应当做好万一失败了而必须挺住罢工的准备。我希望你组建一支团队，制定一个应急预案，在工会员工缺阵的情况下使企业运转。我希望明天就看到你行动起来。”

也许过去十二三年中最大的管理经验就是团队在处理复杂、非常规性的问题时极其有效。应急预案是其中的一项工作。一个选择恰当的团队，可以用很多人的技能和远见卓识，丰富计划过程。团队领导要吸收在潜在危机的每个方面都有经验和才能的成员。这样才会保证任何重要的东西都不被忽略。

博比坐下来，开始在纸上写他想要的团队成员的名字。受影响最多的部门将会是加入了工会的印刷车间、修饰和包装线、发货部。博比对这些部门都做了控制，不过三个非工会的主管人与行动最接近。他们被纳入团队。还有销售经理，因为客户会关心埃利奥特公司在因罢工而歇业期间的送货能力如何。

博比的团队随着他们确认的关注领域而扩大。例如，公司的财务主管赫布·施瓦茨(Herb Schwartz)被纳入团队，来处理潜在危机的财政方面。半退休的公司创办人威廉·埃利奥特(William Elliot)也被请进来，老资格的埃利奥特能言善辩，与社区和当地媒体都有很深的关系。他同意担纲公司的公共发言人。

第二步：估计问题的范围

一个团队成立后，它必须估计出问题的范围。这意味着要考量如果危机出现将会引发的问题和需要关照的事情。下面是关于估计问题范围的几条建议：

- 三个臭皮匠顶个诸葛亮。
- 利用非正式的头脑风暴会确认所有重要的问题。
- 指定一名成员，把大家的想法记录在活页纸或白板上，把相关的想法合并在共同的项目下（例如在“沟通”的标题下，列出回答客户的问题和应对记者的问题）。
- 团队做好问题评估之后，广泛征求意见。某些盲点可能恰为别人所知。

博比的团队在位于湖边的家族房子里开头脑风暴会。那天很美，周围的森林秋色正浓。远足半小时之后，他们坐下开始工作。

团队决定从确认罢工会导致的严重问题入手来解决问题。这些问题有：按进度完成生产任务、客户关系、社区关系、非罢工工人的身心压力、签订新销售单，以及人身安全。后来，来自发货部的成员又加上一条：“别忘了，给咱们的纸张供货商工作的工会成员司机，可能会拒绝穿越罢工者的警戒线。除非我们找到一种能运进货物并把完成的订货运出去的办法，否则我们会陷入大麻烦。”他担心的这件事被加在问题清单里。

工作一天之后，团队编辑出一大套罢工期间可能威胁公司继续运转的问题清单。博比·埃利奥特给每个团队成员布置了一项行动任务：“我要求你们每人都与各自部门的非工会员工碰次面，给他们看这个单子，请他们把我们没有想到的任何事情都指出来。还有，收集他们的想法以便应对这些问题。我会把单子给杰克、人力资源部和我们的律师看。下周二我们再开会。”

第三步：制定计划

一旦所有关于潜在问题的想法都想出来，并被提炼成一系列可付诸行动的目标之后，就到了制定计划以应对每一个（或凭你的资源力所能及的）目标的时候了。计划的目的应当是制定并准备一套行动，以消除或遏制潜在危机的每个重要方面。这同样应由团队在得到其他管理者和雇员的建议与首肯的情况下完成。

让我们回到埃利奥特公司的案例，看看它的应急团队是如何计划应对两个关键威胁的。

作为第一步，埃利奥特团队决定为两个最迫近的威胁做出应对计划：生产线中断和令物资穿过罢工者的警戒线。两个之中，又以第一个最具挑战性。

埃利奥特印刷与出版公司运作的心脏是它的由三台电脑控制的、最先进的印刷机。这些印刷机是由参加了工会的员工操控的，而他们威胁说要出去参加罢工。公司没有他们怎么能使印刷机运转呢？幸运的是，博比·埃利奥特和生产总管跟这六名印刷机操作员一样熟悉这些设备。“它们没有那么复杂，”总管告诉团队说：“只要经过几周的实践培训和指导，我们中的任何人都能操作那些机器。”博比找到了几个愿意尝试的非工会员工。博比和总管接着联系设备制造商安排从下周就开始的培训事宜。

使物资穿过警戒线则是另一个严重的挑战，但是也有解决办法。博比征募了两名绘图员在罢工期间充当临时司机。他安排他们参加三天的驾驶课，使他们成为合格的、有执照的商用机车驾驶员。

罢工应急方案的每一项内容都经由财务主管赫布递交公司律师并予解释，请公司律师做出评论和建议。

切勿忘记沟通

每一个应急预案都应当包含沟通方案，确定一个能够与相关者交流的机制。先确定组织内部和组织外部的人谁应当知道关于危机的情况。然后制定一个方案以便那些人能够在需要时被通知到。一个应急沟通计划可以是简单的紧急联络名单，或复杂的描述消息流的沟通树状图。（紧急联络名单的样本以及应当包含的信息，参看附录 A 中“紧急联络名单”。）

有效的内部沟通鼓励员工士气，抑制与每一个严重危机如影随形的损耗精力的流言。有效的外部沟通同样抑制流言和揣测，让公众了解管理层已经意识到了那个问题，对它很重视，正在寻找解决方案。

下面是关于沟通应当记住的几件事情：

- 精心挑择少量能正确说明问题和公司反应的信息来沟通。太多的信息会让听众迷惑。
- 让一位官员——不一定是 CEO——阐明整体形势。让其他发言人负责技术问题；他们对那些问题了解得更多，会更加可靠。
- 别试图淡化局势。不要说：“的确，我们的油轮在阿利坎特(Alicante)海滩附近泄漏了 50 万桶油。但是，与埃克森·瓦迪兹号(Exxon Valdez)的事故相比，它不过是小事一桩。”

● 不要责备受害者。在轮胎问题上凡世通(Firestone)开始时责备用户维护不当的做法丝毫无助。位于俄勒冈州(Oregon)的生产校车的制造商自己承担了刹车闸问题的责任,宣布了敢作敢当的维修计划,倒是收到了与凡世通相反的效果。

● 立即宣布所有的坏消息。饱受一顿拳脚,要比每宣布一条坏消息挨一次打要好过些。

● 不要说谎或猜测。如果事实证明你压错了宝,你的信誉会受损害。

● 永远不要忘记你的员工。制定计划随时让他们充分知情,经常跟他们交谈。

经允许节选自 Harvard Business School Publishing,"How to keep a Crisis from Happening", *Harvard Management Update*, December 2000,6。

第四步:测试计划

永远别想当然地认为,写在纸上的应急预案会真正奏效。一定要在模拟情况下进行测试。就像我们在办公室和学校所做的消防演习一样。军队在引进新设备或新战略时也是这样做的。埃利奥特危机团队同样如此。

公司的创办者威廉·埃利奥特走向讲台,开始面对观众演讲。他的讲话简明扼要,诚恳地解释了形势,摆明了公司的态度:"现在是印刷工人工会31分会罢工的第二天,"他这样开始。"你们可能知道,这次罢工是因为埃利奥特印刷与出版公司未能与工会就新合同达成一致引起的。症结在于小时工资数。"

接着，他描述了公司已经开出的价码，并说明他认为这个价码是慷慨的："多年来，我们公司的员工享有与生活费上涨水平相同或高于它的工资上涨水平。最近这次上涨是延续惯例的。同时，企业运营的很多关键费用——从纸张到职工赔偿保险、到卫生保健津贴——都已经大幅度上涨。在这些费用上涨的情况下，再提高目前的价码极其困难。还有，我们面临着非工会印刷厂越来越强的竞争，他们付给雇员的工资要比我们给工会员工开的价码低23%。"

接着老埃利奥特简要地描述了管理层和非工会员工已做好了准备，使运营接近正常水平。他向客户保证所有目前的和新的订单都会准时完成。最后，他表达了希望迅速打破僵局、工会员工复工的愿望。

埃利奥特先生的听众不是一群当地记者，而是杰克、赫布以及五六个其他的员工。这是他们计划在罢工威胁变为现实时所要做的演讲的严格的试测。根据需要对它进行批评、改进。同时，印刷机销售商的培训代表已经在为那些被指定在罢工时接管印刷操作的员工开设夜间课程。所有人都计划在周六早晨来公司运用所学知识进行模拟印刷操作。这些人会得到周末加班费。

下一周，杰克和雇请的劳动专家将共同研究准备与工会协商的计划的细节。

埃利奥特和员工所做的应急预案测试，示范了发现缺点和机遇以求得改进的最佳办法。这对于增强组织控制和消除迫近危机能力的自信心，也是最佳的方法。

第五步：不断更新计划

如果你的公司备有紧急火灾的应急预案，很可能在每一层楼都指定了消防队长，并且培训过他们如何反应。同样，每个员工也都接受过如何迅速安全地逃离建筑物的培训。

但是，预案不能做出之后被搁置起来。情况在变化。就火灾预案而言，随着老消防队长退休或离开公司，要指定新人接替。新来的员工必须学习防火知识。应急用的家庭电话经常变化，必须周期性地更新。还必须定期举行消防演习强化人们对紧急程序的了解。是的，更新是必须的，但是几乎总是比从无到有制定一个应急预案要容易得多。

杰克·埃利奥特发出有可能出现罢工的警报六个星期之后，博比·埃利奥特领导的危机管理团队制定并且测试了应急预案。管理层断定公司已经做好没有工会员工也能使印刷机维持运转一定时期的准备。博比甚至组建了快速反应团队以备意料之外的不利发展。这种准备状态使杰克在前去磋商新的工会合同时充满自信。

最后，劳资双方成功地敲定了彼此都满意的为期三年的协议。罢工没有发生。那个周末，博比的团队在埃利奥特家族的湖畔住宅吃烧烤，庆祝好消息。杰克感谢团队让他在谈判中处于强势：

“如果不是你们做的一切，公司会面临两个糟糕的选择：提高工资或者关闭工厂。”公司创办人赞成杰克的观点，他还说道：

“我在这个企业迄今已经有40多年了，”威廉·埃利奥特提醒大家：“我可以告诉你们，诸如你们刚刚避免的危险始终都会存在。比如，这个劳动合同三年之后就到期。三年过得很快，特别是在我这样的年纪。我给大家的忠告是：保留团队。学会使用新引进的设备。通盘考虑事情，在每个人都头脑清醒，不受临时恐慌影响时，提前做出常规决定。盯紧潜在危机，做好准备迎面而上。”

你准备好了吗？

如果你已经做好了危机稽查，今天看一遍。很可能表里面所列的很多危机会严重破坏你的公司或你的部门。你为那些危机中最重要的危机做过应急预案没有？如果还没有，今天就开始做，根据本章描述的五个步骤。直到公司对于可能面临的每一种关键威胁——火灾、自然灾害、暴力、罢工等等，都备有了扎实、可靠的应急预案，才告完工。

从哪里开始？

你是否不知道从哪里开始呢？那就从简单的事情开始。如果你的公司所处地区冬季会有暴风雪，就从这点开始。确定在什么情况下，你的事务所或工厂应当关闭。什么样的天气或者交通情况，会触发做出关闭决定？（一位中学校长依据这样的经验做决定：他总是提前两小时开车到学校；如果雪深得使他不能把车开到学校并把车停在停车场，他就会正式宣布因雪停课。）然后敲定该由谁做出决定。很多情况下，类似的决定是由人力资源经理做出的。

还应当有明确的计划把情况告知给员工。例如，计划可以要求人力资源经理致电给 CEO，然后致电每个 CEO 的直属下级，他们将负责致电自己的直属下级。这样沿着指挥链传递下去，直到每个员工都被通知到。还有一个选择，就是把消息录在特别电话专线里，每个员工都可以拨打。天气原因的应急预案还应当确定什么时候、用什么办法召回员工恢复正常。

这些杂事最好在紧急事件出现之前处理，而不是在紧急事件期间才解决。当你为此类简单事情制定并测试了可行的预案之后，就可以转向其他更具有挑战性的潜在危机了。

为始料未及的危机制定计划

到目前为止，我们所讨论的关于危机识别，都假定有某种天眼通的超级洞察力，而那是不现实的。我们不可能预知所有的威胁，然而往往是这些未被预料到的威胁酿成最大的损失。例如，1941年，守卫新加坡的英军已经用巩固水泥碉堡和令人生畏的大批大炮巩固了大本营，但这些设施多是朝向大海的。任何从海上过来的军队都会被消灭。还能怎样进入新加坡呢？城市的后门被马来半岛的无法穿过的密林保护着，而日本兵正是选择从那里开始进攻的。从这一方向进攻的可能性没有被英军预料到，所以，也没有制定相应的应急计划。

照相胶卷制造商柯达（Kodak）曾经预见到对它的最大威胁会来自于一个电子公司吗？显然没有。它的注意力和竞争计划主要放在了胶卷业的竞争对手上，特别是富士（Fuji）胶卷。但是，当家用电器大制造商索尼（Sony）公司首先推出商用数码相机后，柯达的后门防守便被打破了。

东京市政当局会预想到有人在地铁系统排放毒气吗？今天，在世界各地发生过很多恐怖袭击事件的灾后时期，对这类麻木不仁的行为是可以想象的。但是在 1995 年奥姆真理教（Aum Shinrikyo）发动袭击时，有人会用毒气伤害无助的民众这种想法还令人费解。所以没有预案以对付这样的紧急事件。

我们怎样才能为我们始料未及的威胁制定应急计划？这可能吗？

本章介绍的五步方法，不能帮助你为预见不到的威胁做准备。那些怎么可能帮你呢？但是，这不是失败主义或者消极主义的借口。至少，无论是什么危机，你总可以准备行动。你可以组建由非常灵活果断的人员会同组织中的权威人士构成的危机管理团队，使自己和公司做好准备。这个团队应当有清晰的渠道与公安局、消防队、急救医疗人员以及公司内外的股东进行沟通。在大公司，这个团队要包括 COO、企业的法律顾问、投资者关系部主管、沟通关系或公共关系部主管以及人力资源部主管。CEO 和财务总监应该是团队的当然成员。这个团队的规模应当不大不小,要小得适合快速决策和无障碍沟通,也要大得适合利用应对危机所需要的所有专家资源。这个团队还需要具备另一个特点:行动的能力。没有行动能力的危机团队是无所作为的。

模拟训练

在危机真正出现之前指定危机团队的成员,是迈向准备好在危机情况下行动的漂亮的第一步,但是人们必须学会一起工作、迅速反应。这样的学习只能通过实践才能获得,因为这个缘故,许多危机专家建议危机管理团队用模拟的方法训练他们的技能。军队、警察、消防队、飞行员以及医疗急救人员全都使用模拟方法完善技能、并为不寻常的情况做好准备。危机管理团队可以,也能够采用同样的方法。

下面是几个危机团队能够做练习用的模拟训练的例子:

● 在公司的办公地点发现了有毒物质。必须迅速疏散人员,期限不定。有关负责人必须保持警戒状态。

● 公司刚刚收到一封电子邮件:“你们的东亚分部经理在我们手上,给我们500万美金,他们的死活就看你们怎么做了。”

● 隶属工会的乘务员因为长期迟到被解雇,当地工会威胁如果不重新录用她就罢工。

● 被解雇的人回来找他的上司。他带着武器,威胁要杀死前上司和另外两名员工人质。

你会怎么办?

设想你正在办公室上班。你刚刚与客户用完工作午餐回来。那天一直平安无事。

突然,你听到有人尖声大叫。有人在喊:“他拿着枪!”人们正从你办公室敞开的门前惊慌逃跑。你走到门口谨慎地察看走廊两侧。戴维·约翰逊(David Johnson)正从隔间里伸出头张望。其他大多数员工正在推推搡搡地朝直升电梯门口挤。“估计他上楼了!”戴维边冲向电梯边朝你喊。

你开始感到同其他人一样恐惧。肾上腺素在身体里流动。“是谁?”你在想。“他会回到这里吗?有人受伤吗?”

在这样的时刻,你会有什么感觉?作为留在这层楼里的人,你会怎么办?设想这样的情景会在遇到真事时给你帮助。

你的公司会怎么办?通过这些模拟情景,危机团队将学会几件事:有时间压力时怎样做决定,向谁寻求不同的帮助和信息,什么合法、什么不合法,等等。这样的模拟可以令人兴奋、效率很高。它们可以帮助你的团队迅速果断地行动,无论碰上的是什么危机。

一家公司是如何为危机做应对计划和准备的

没有几个行业像航空业那样容易遇到危机和灾难。考虑到世界各大航空公司的客机每年飞行数十亿英里,事故才这么少,的确堪称奇迹。有些事件——诸如罢工——并不是致命的威胁。有些却有可能导致巨大的生命损失。一架飞机在起飞时坠毁,一架在大西洋上空消失,武装的劫机犯迫使另一架转向,乘客和机组人员都成了人质。最不可想象的是恐怖分子劫持三架飞机撞上纽约和华盛顿的办公楼,造成了生命和财产的巨大损失。

大航空公司已经知道一个严酷事实:危机在任何时刻、任何地点、完全没有警报的情况都有可能发生。因此,它们是对危机做应对计划和准备的领先者。联合航空公司(United Airlines)为我们提供了一个范例。

联合航空公司的业务控制中心位于离芝加哥奥黑尔机场(O'Hare Airport)不远的伊利诺伊州爱尔克·格罗夫村(ELK Grove Village)。这个神经中枢负责跟踪联合航空公司全球系统内的天气、起飞降落、乘客资料、航班推迟、飞机和机组人员周转等方面的情况。它管理飞机供需,致力于尽可能减少由于机械和天气原因引起的航班延迟和取消。这些管理是运营一个大型现代航空公司必不可少的方面。但是,这还不足以对付联合航空公司像其他所有航空公司一样每天都面临着的危机。

联合航空公司危机管理人员的聚集地——特别运营中心,与业务控制中心在同一幢建筑物内。这里是危机发生时联合航空公司危机团队开会和行动的地点。据作家、危机顾问史蒂文·芬克(Steven Fink)介绍,这个团队的固定成员包括公共关系、飞行运营、飞行安全、公司安全、机内人员、市场和客服、医疗服务以及联邦调查局(Federal Bureau of Investigation)等各部门的主管们。联合航空公司的CEO和董事会主席是特别成员。其他成员根据需要吸纳。[2]中心由尖端的信息和通讯技术支持。有一个一英寸厚的不断被更新的文件夹，精确、详细地说明联合航空公司的人届时应当如何应对危机。当危机袭来时，联合航空公司做好了准备。

你的公司对那些可预测的和不可预测的危机准备得如何？你已经有紧急应对预案了吗？如果你对这里的任何一个问题的答案是否定的，那就是你们应当组织起来的时候了，而且越早越好。

小　　结

- 危机应对计划的第一步是组织一个集中很多人的技能、经验和洞察力的团队。
- 应急计划团队应当评估潜在问题的范围——也就是说，所有可能会出问题的事情。
- 制定能够消除或者遏制潜在危机每一个重要方面的应急计划。沟通应当是这个计划的一部分。
- 永远也别想当然地认为你的应急计划肯定会奏效。永远要在真实或者模拟的条件下对它们进行试测。
- 不断更新所有应急计划。
- 如果你不知道从哪里开始做应急计划，就从简单的紧急事件开始，例如洪水、火灾。
- 应急计划对于不能预料的危机无计可施。在这种情况下，最好的补救方法是有一个行动灵活、果断、有权威的危机管理团队。

4 危机识别

4 危机识别
——见烟知火

本章主要话题包括：

- 危机正在形成的七种迹象
- 为什么警报信号常常被忽视
- 危机识别的实用建议

拥有可以随时发挥作用的危机管理团队并装备好应急预案的企业，永远是谨慎的。一旦危机出现，团队会准备好在造成过大损失之前对付它。团队所需要的只是麻烦要出现的信号，然后立刻就能扑上去！

但是什么是危机要来的征兆？你怎样断定是该行动的时候了？

一些危机是显而易见的。在你把车开进停车场时，消防队员正在往你住的楼的窗户里喷水。早报头版上登着你的CEO的照片——带着手铐。可惜的是，并非每一个危机都那么明显地宣告自己的到来。很多是从小火微屑开始，逐渐蔓延，最终点燃周围的一切。当危机从小处开始时，人们可能辨别不出鼻子底下在发生什么事。到他们注意到发生的事情时，危机已经发展到了危险而又难以遏制的地步。

本章讨论危机识别(Crisis Recognition)和你怎样做才能够保证警报信号被及时辨识并得到关注。

不同的警报信号

如果你的组织是商务组织,危机信号可能有多种形式。可以在前面列出的传统的危机来源中寻找它们(自然灾害、技术瘫痪,等等)。

此外还要注意下列问题。

技术断裂

技术断裂是指技术革新,它表示着与当前的稳定技术之间发生了的重要的、深刻的脱节。20 世纪 50 年代,贝尔实验室(Bell Labs)开发的半导体在当时属于技术断裂,它使发明者获得了诺贝尔奖。半导体的发明也标志着在当时统治电子业的真空管技术时代的结束。它是新浪潮,没能注意这个信号、没能赶上这个新浪潮的公司,在以后几年里经历了财富衰减的命运。不久,真空管仅仅用于几种特别的电器中,真空管大制造商的财运江河日下。

公众抵制技术革新

在食品方面，对于那些看上去被改变过的或者不纯的东西，公众总是小心翼翼。在欧洲尤其如此。长期以来，欧洲人强烈抵制使用生长素喂养的美国肉制品。这个信号似乎未被孟山都公司(Monsanto)注意到，它继续大量投资于转基因粮食。今天，这种粮食的推出，在欧洲、加拿大和亚洲受到农民、环保主义者、消费者组织和监管机构的抵制。

来自建筑、安全或健康视察员的警告

小处的粗心大意作风常常暗示着早晚要发生十分糟糕的事。例如，芝加哥南区的一家夜总会的老板，不止一次地被建筑视察员警告违反防火安全规定。这些是危险后果——即便不是致命后果——要接踵而至的信号。但是老板对此几乎视而不见。某周六夜里，夜总会发生了争斗，保安使用一股胡椒粉喷雾来制止骚乱，结果造成人群恐慌，20 多人被踩死或窒息而死。要是该老板能把建筑视察员的警告引以为戒，这个灾难本来可以避免。

你的公司有建筑、安全或健康方面的警告吗？如果有的话，它可能即将发展成严重的灾祸或者危机。

难祛的传言和怀疑

公司里流传的大多数传言，不过是喋喋不休的闲扯，很快就消失。但是有些不会消失，因为其中往往有真实的内核——另一个警报信号：坏事正在酝酿着。请看下面的例子：

几年前，一家公司的 CEO 得到提醒，子公司——某胶卷公司——的经理有挪用公款、伪造发票的嫌疑。CEO 拒绝相信这个人会犯这样的罪，所以，忽视了他得到的提醒。但是问题没有消失。终于，很多人的怀疑被证明属实。到了 CEO 决定解雇惹了麻烦的经理的时候，那个迷人的盗贼已经做好了准备，把董事会成员拉到了他那一边。董事会坚持保留他。局势变糟，关于此事的新闻报道，损害了胶卷公司、总公司，还有所有被涉及的人——包括 CEO 的名声。情况丑陋而又令人痛心，特别是它本来是可以避免的，如果当初被识别为潜在危机并立即应对的话。

抱怨不休的客户

美国天主教会多年来一直听到教区居民抱怨有恋童癖的牧师。这种可耻的、犯法的行为在教会内部并不新鲜。教会的领导人不愿公开讨论此事，他们也没有在他们的圈内正视此事。在很多情况下，他们的解决办法是秘而不宣，把犯错的牧师调到其他的教区，结果有些人在新教区会旧病复发。警报信号一直都存在。

恋童事件最终爆发为全国性的丑闻，使教会付出几百万的代价，所致的恶名最少30年难以消除。具有讽刺意味的是，早在15、16世纪，来自教会“客户”的未被重视的抱怨，也导致过重大危机。那时候，怨言是关于出售赎罪券、教士道德松懈和教会聚敛财富。这些未被重视的抱怨，最终导致了使基督教分裂的新教改革运动。

你的客户是否向你抱怨与产品有关，或者与公司销售员的可疑行为有关的危险情况？假如如此，他们的抱怨可能在暗示着迫近的危机。

不严格的管理标准

任何一家公司，如果允许各部门经理在聘人、销售、监督等等方面不遵守规则，那等于是大麻烦已经上路的信号。例如，美国一家全国连锁餐馆，在一些地区普遍存在对少数种族裔员工和顾客非法歧视的问题。这些问题在公司内部是众所周知的，然而公司领导对此没有采取任何解决措施。可以料想到，公司将遭受到的打击，是违反人权、狼狈的公众形象和应付歧视案的几百万诉讼开支。

基层员工的呼吁

许多情况下，员工们会试图提醒管理层存在问题或者危险，但是，这些未能得到适当的倾听。例如，1987年，美国航天飞机“挑战者号”(Challenger)爆炸之前，一个重要的承包单位的管理层收到了几个紧急备忘录，吁请关注被一些人认为十分危险、可能毁掉飞船的一个设计问题。这些备忘录一直未被项目的管理者注意。灾难降临了。

更近的例子是位于波士顿的一家大的公共基金公司——普特南投资公司(Putnam Investment)——陷入了管理和业务危机，如果管理层重视一个员工的警告的话，这些危机本来是能够避免的。据《华尔街日报》(*Wall Street Journal*)的报道：

忽视坏消息不会让它消失，它反而会使问题愈演愈烈。因公共基金的不当买卖行为正在接受调查的普特南投资公司的管理人员和证券交易委员会的官员们，正是在这方面犯了错误。

普特南公司客户服务呼叫中心(call-center)的一个员工，彼得·斯坎内尔(Peter Scannell)花费了近两年时间就以获取短期利润为目的的"市场定时(market timing)"交易向他的几位主管提出警告。这些交易，虽然合法，但伤害了长期投资者，因此违反了公共基金公司内部的指导原则。但是，斯坎内尔说，普特南公司的主管们忽视了他的警告，证券委员会的官员们也忽视了他的警告，他曾经在去年春季寻求他们的帮助。最后，他在 2003 年 9 月，争取到了马萨诸塞州(Massachusetts)的州监管机构听取他的警告，他们按他提供的信息开始调查普特南公司，现在很多公共基金公司都在接受调查。[1]

普特南公司因为无视这名员工的提醒而付出了巨大代价。它同意核算并赔偿股东们自 1998 以来所受的损失。更糟的是，时机交易的丑闻使它的几个最大的退休基金客户——账户拥有数十亿美元的投资人——把资金转移到了其他地方。据估计，仅在 2003

年 11 月，就有 132 亿美元撤出普特南公司。因为经理们的收入是跟所管理的资产挂钩的，按百分比取酬，故而这一丑闻使得普特南公司的收入前景十分黯淡。[2]

在本章节中所引用的警告信号，不是未来危机的仅有的先兆。请参看附录 A 中的核对表“30 个潜在问题的警告信号”，该列表更为全面，也是彻底考量它们的方便的工具。

为什么警告常常被忽视

显然，回想到现在为止所提到过的、以及与之类似的许多灾难，如果某个掌权者认真对待它们的警告信号，本来是有可能避免或者缓解这些灾难的。这就引出一个问题，为什么那些迫近的危机信号会被忽视？可能的解释包括对问题的低估、自以为是、未能由点及面。

低估问题

还记得 1994 年关于英特尔奔腾(Intel's Pentium)芯片的巨大骚动吗？那种芯片除了某一种数学计算，其他方面做得都很好，这个问题几乎没人注意到并当回事。发现它且将之视为问题的是一位大学教授，他就此事找到了公司。诺姆·奥古斯丁(Norm Augustine)写道：“据报道，这个公司对自己的产品堪称自信满满，这使它礼貌地回绝了该教授。该教授转向互联网，想看看是否有其他人能够确认他所发现的问题，结果招来了雪片般的上万条回复。”[3]这件事很快成为媒体的热点，演绎出了十几个电子邮件笑话，还有很多负面新闻，这全都是对英特尔不利的。

在这件事上，对于英特尔的官员来说，似乎是个很小的问题，但公司很多客户却有不同的理解，他们不仅对芯片的缺陷感到恼火，而且英特尔的态度也冒犯了他们。这是低估问题的典型案例。

自以为是

自以为是——或者说骄傲自大——对成功的组织特别致命，它助长起一种自我满足和刀枪不入的情势，使领导层无法看到迫近的麻烦。作为组织自以为是的例子，让我们看看通用汽车公司(General Motors)的管理者是如何枉顾一个重要的警告：与外国对手的产品相比，通用的产品正在逐渐丧失顾客的青睐。

上世纪 80 年代早期，在鲍尔(J. D. Power)和下属发表的汽车行业质量和顾客满意度的首次调查报告中，日本汽车在所有项目中都名列榜首。业界的最大生产商，美国的通用汽车公司(GM)发现自己成了“看热闹的旁观者”。其他来源的数据，包括 GM 自己的有物证的关于 X-car 和 J-car 的质量问题，更加确认了鲍尔的评估。GM 公司的质量和安全(Q&R)部门对这些令人不安的调查结果十分重视，但是公司领导层却并不以为然；他们确信只有 GM 才有资格定下标准，并用它衡量全世界的每一家汽车制造商。

公司的质量和安全部门觉察到质量标准越来越重要，他们按照指定标准，研究检测了11家以质量著称的公司的产品。做出来的研究结果对GM很不利。1984年下半年，研究结果被呈送给高级管理层时，他们的态度冷淡，几乎没有引起任何注意。[4]

为什么GM的领导层对于来自内部和外部的危机信号都没有留心？我们只能推测。是因为自以为是吗？还是因为高层的人把注意力集中在其他事情上，以至于无暇倾听？无论原因何在，底特律的巨人没有能够搭上质量这班车，让丰田（Toyota）和尼桑（Nissan）这样的亚洲竞争对手很快得到机会，扩大了市场份额，本来属于GM的份额被蚕食掉了。那些丧失的领地，经过20多年的努力都未能收复。

不能由点及面

9·11恐怖分子袭击美国之后，联邦调查局受到的批评之一即是没有能够“由点及面”，未能把不同的情报串连成恐怖分子袭击计划的连贯的全景图。如果这个批评属实（还有待证实），那么这次的情报失败类似于1941年12月7日“珍珠港事变”的情报失败。在那个案例中，若干情报、军事报告、美国国务院的消息已经提供了一些消息碎片，假如把它们关联起来，就有可能确认出日本空袭战略要塞太平洋基地的地点、时间和方式。但这终归只是一种假设。海军有些情报、陆军有另外一些情报、国务院又有其他的情报。然而这些不同的部门不是按共享情报而结构的，情报装在各自的口袋里，一直没有被连在一起合成袭击计划的连贯的全景图。大型组织常常遭遇同样的不幸情况，不同职能部门收集的信息，不是总能被集中起来；这使决策者很难把各个散落的点连通起来，预见到发展中的危机。

解决办法

低估问题、管理者自以为是、不能由点及面——这些都是妨碍人们识别形成中的危机的人类行为的痼疾。我们可以观察到，它们在每个世纪、在世界上每个地方都反复发生。问题是拿它们怎么办，应该怎样做才能使危机识别的可能性变得更高？

为了在危机发生之前或早期即识别出危机，你需要如下的组织机制：

- 识别危机的警报信号。
- 向负责者发出警报。

你可以考虑如下三个建议：

1. **授权给基层员工。**别指望让高级管理人员做这个工作。高级管理人员忙于使公司正常运转，他们通常最不容易识别出一些迫近的危机。最容易觉察到未来的危机警报信号的，往往是基层的员工，在企业最前沿的人员：一线的销售和服务人员、安全监督员、质量检查员、会计以及技术人员。这些人必须被授予权力，鼓励他们在发现有异常的苗头时讲出来。假如要求员工“三缄其口,唯命是从”,那么他们不会站出来说什么。在恐惧笼罩的工作环境中,也不会有人畅所欲言的。

2. **确保有人对他们的警告保持警醒。**森林里伐倒的大树,只为谛听的耳朵发出声响。所以要指导每一个监督者和管理者都成为监听哨。明确规定注意这件事是他们的多项职责之一。当问题出在公司领导或经理身上时,这样做尤显特别重要。诺姆·奥古斯丁明智地写道:“问负责制止问题的人有没有问题,就像兔子运莴苣一样。”[5]问题总是越来越少。

中庸或不称职的监督者和管理者可能是无效的监听哨。假如你还需要一个开掉C级高管的借口,这一个就是现成的。他们的顶替者应该做到:(1)对潜在问题保持警觉。(2)能倾听雇员的汇报。

3. **成立一个核心危机团队。**依照前面的建议,组建一个核心危机团队——由一小群具有互补性技能的人组成,培训他们制定应急预案,并且随着危机的发展而进行应对。如果管理者不倾听,员工应当被授权能够把他们关于危机迫近的警报报告这个团队。一个大型组织需要一个枢纽、一个情报中心,使得内部和外部的点滴和零碎的危险信号汇集在那里——也就是能够把点连接成面的地方。文森特·巴拉巴(Vincent Barabba)和哈佛教授杰拉尔德·扎特曼(Gerald Zaltman)在他们1991年的著作《倾听市场的声音》(*Hearing the Voice of the Market*)一书里提出了这个建议。[6]虽然巴拉巴和扎特曼有关建立“问询中心”的建议所关心的是市场信息和市场信号,但是对于与危机相关的信息同样有效。这样的中心可以是一个独立单位:它由受过不同职能训练的少数人组成,汇集并分析信息。只有大型的组织才用得起这样的单位。对于小型公司来说,一个常设的危机管理团队,就可以以极少的花费完成同样的功能。

你的公司在识别危机的警报信号方面准备得如何?如果潜在危机今天来到门前,会有人注意到吗?谁发出警报?负责者会做出反应吗?要回答这些重要的问题,用刚刚讨论过的妨碍危机识别的三个障碍检查你的公司:低估问题的倾向,自以为是,以及无法由点及面。如果把这些障碍克服掉,那么在潜在危机袭击之前,或者在它尚未酿成大祸时,掌控它的可能性要大得多。

识别危机迫近的提示

很多管理者——与普通人一样——不愿意面对令人不快的局面。他们或者不相信坏消息,或者不愿处理。并非每个问题都是酝酿中的危机;如果管理者把所有问题都当成危机处理,他们会耗尽精力。那么,他们怎样才能辨识出迎面而来的危机呢?下面是几条建议。

- 当直觉告诉你有问题时,要当心。
- 正视使你烦恼的事实。不要忽视它们,或者文过饰非、轻视它们的重要性。相反,要调查研究。
- 如果问题被证明属实,考虑一下后果。(即经济损失、物质损失、公司声誉,等等。)
- 问一问:这是一个大的、危险的冰山的一角吗?现在问题的规模如何?它们会不会变得更大、更危险?
- 向其他人咨询,特别是接近实况的人。
- 让你的价值观指引你。什么重要?什么是该做的事?例如,如果一个下级承包商把你公司的有毒废物非法倾倒,破坏了环境,还有可能危及生命,而且你怀疑公司对此视而不见,根据你的价值观的要求去做:勇敢地面对这个情况。不要忽略它。

小　　结

- 很多危机起源于技术断裂，或者公司投资很大的某一特别技术革新遭到公众的抵制。
- 建筑、安全与健康检查员往往发出灾难的早期警报。
- 仔细倾听顾客的长时期的抱怨。它们往往暴露出隐蔽的系统问题。
- 在聘用、监督、销售方面标准不严格，常常导致严重的惩罚和诉讼。
- 留心试图把隐藏的问题或危险提醒给管理层的举报人。
- 迫近的危机不被重视有几个理由：低估问题、自以为是、未能由点及面。
- 当公司授权员工提出警告，并且确保负责者对此保持警醒，同时组建核心危机团队时，公司关注危机警报信号的可能性可以得到增强。

5 遏止

5 遏止
——挽狂澜于既倒

本章主要话题包括：

- 规则 1：迅速、果断地行动
- 规则 2：把人放在首位
- 规则 3：亲临现场
- 规则 4：开放的沟通

如果不加控制，有些危机会导致每况愈下。震荡波士顿主教教区数年之久的恋童癖丑闻就是这样。教会官员越颤抖、越否认，情况就变得越糟。如果不加制止，一个领域的危机还会引发别的领域的危机。例如，假如发现一个显要的主管挪用公款，媒体会添油加醋地对此加以报道。当管理层忙于挪用公款的法律问题时，其他坏事发生了。因为公司名誉扫地，竞争对手可能会把能干的主管挖走，有潜力的应聘者可能另谋他就，而公司的销售代表报告说，一些重要客户已经把订单转给了别家公司。与此同时，愤怒的股东们甚至会起诉董事会，指责他们未能履行受委托的职责。

本章提供了识别出危机后，遏止危机的四条规则。在这里，危机遏止（crisis containment）被定义为防止危机恶化的决定和行动。

危机遏止与急救人员(emergency medical technicians, EMTs)二者有不少相同点,他们都要稳住局面,直到可以开始更加果断的行动。参看下例:

急救车刚刚到达交通事故现场。一辆事故车的司机处在半清醒状态,还有呼吸,但是已经休克。他胳膊上的伤口还在严重出血。没有其他明显的受伤痕迹。

急救医生一眼就看出,这个司机因失血、休克,还有手边的设备难以检查或治疗的内伤,生命很危险。他们的工作非常明确:在运送这名受伤司机去医院的同时,要防止情况恶化。一到医院,医生和护士就会采取必要手段让司机恢复健康。所以,急救医生把伤员抬到救护车里,一个人开车,另外一个人给伤员胳膊上的伤口绑扎止血绷带,并且采取措施缓解休克。

在这个例子中,急救医生在进行危机遏止。当危机袭击公司时,也像急救医生那样思考问题。首先辨识危机,然后弄明白你应该做什么来稳定局面,阻止危机恶化。这种权宜之计会为你的危机团队赢得时间,以便实施适当的应急预案。

规则1:迅速、果断地行动

首先,遵守危机遏止的第一条规则:迅速、果断地行动。1982年强生公司的负责者正是这么做的。当时该公司的泰诺可能导致用户罹病和死亡的事件刚刚发生,泰诺是一种市场占有率相当高的非处方药。短短 3 天内,有 7 人服用泰诺后死亡——事实上他们都是恐怖分子的受害者,有个坏人往装泰诺的瓶子里塞入了含有氰化物的胶囊。问题是,市场上有多少填塞了毒药的瓶子?会死更多人吗?在全国各地,会有其他的恶棍效尤吗?公司的负责者难以回答这些问题,故而他们采取了果断的行动,从各药店的货架上撤下了所有的泰诺产品——多达 2,200 万瓶。直到他们发明出自己和公众都满意的防填塞的包装后,才让该产品重返药店的货架。这一行动虽然使强生公司短期内就花费了上亿美元,但是它遏止住了危机的发展,并且从长远眼光看,它使品牌能够重新获得声望和赢利。通过这次迅速的行动,公众对强生公司在全球的企业和多种产品的信心,没有因为犯罪行为而一落千丈。

强生公司的案例突出了危机形势下采取迅速、果断行动的重要性。当然,这一点说起来容易做起来难。优秀的管理者都知道,高品质的决策有赖于可靠的信息和明智的分析。但是,在危机发生时,往往缺席的恰好是这二者。信息如此匮乏,而你又没有足够的时间收集你所需要的足够量的信息。无论你采取什么行动,都可能代价高昂;而一旦危机过去,你的所作所为就会遭遇许多马后炮的攻击。

大多数情况下,信息不充分不应当成为快速反应的障碍,在已经制定了前面推荐过的应急预案的情况下尤当如此。例如,如果有人闻到我们的楼里有异常的烟味,我们采取行动时,不必先知道起火的地点或火势的大小。我们立即疏散人员,并给消防队打电话。假使我们有应急预案，那么消防队的电话号码应当在速拨号码存储里，而且每一个员工都应当进行过迅速撤离大楼的演习。我们该不该担心报警有误？回答是否定的。我们早就应该明了，大部分的从建筑物中撤离的行动，根据的都是错误警报。但是，这些错误警报的代价，比起因疏散延误而导致的大火吞噬多人生命和财产的损失，简直不可同日而语。

规则 2：把人放在首位

强生公司的泰诺案例和紧急火警的例子，也说明了遏止危机的第二条规则：把人放在首位。物质的东西最终都能够恢复，事实上，大多都已投保，如下面的例子：

一场暴雨使部分办公楼遭到严重破坏，电器设备、地毯、纸文件记录，以及 10 名员工在一楼的工作空间，均遭破坏。第二天早晨员工来上班时，办公室经理罗伯特（Robert）在现场。他帮助那些员工还有一名雇来的清洁工，对那里进行清洁和干燥处理。24 小时之内，又可以重新工作了。

三天后，有几个员工诉说呼吸不适和头痛。很多人说是地毯造成的问题。虽然洪水后，地毯经过了彻底清扫和干燥，但很多人相信地毯发霉了。经理权衡了他可以做出的选择。他可以把地毯再清洁一遍，希望问题消失。他还可以申请更换新地毯，但那会花好几天申请预算许可，还要再花几天安装。这两个选择罗伯特都放弃了。他下令把所有地毯都更换掉。“费用的事，我以后再操心。”他对自己说。

罗伯特的做法符合危机遏止的第一条和第二条规则：他行动迅速果断，并且他把人放在物质之上。通过立即换掉可疑的地毯，他表明员工的健康比其他考虑更重要。事后可能会有人指责说，换新地毯费用不在预算中，但是预算里也从没有危机的代价。所以，只要是理性范围内的，不必担心预算，也不必担心其他的正常情况下的办公程序。相反，一切要以保证人员的安全为准则。

规则3：亲临现场

危机遏止的第三条规则是高层人士要尽快亲临现场。亲临现场，等于大声地明确宣布他们认为此事极其重要。而不见他们的踪影，则表明了相反的信息，亦即他们此刻有比这重要的事情要处理。想想这样的信息对面对危机的人们会有怎样的影响。作家和业内人士劳伦斯·巴顿(Laurence Barton)讲得很直白：“人们希望危机时刻见到他们的领导者。”[1]让我们看看领导者逃避聚光灯，会有什么样的结果：

2000年8月，库尔斯克号核潜艇的沉没，对俄罗斯海军的声誉和士气打击严重。更糟的是，高级官员没有能够组织救援，后来不得不请求西方竞争对手营救潜艇。还有最糟的，118名艇员遇难。

俄罗斯政府处理这一危机时同样低能。国防部最开始对事故的严重性轻描淡写，声称潜水艇只是在一次演习中触礁。它告诉公众，船上人员没有多大危险。后来，随着详情泄露出来，国防部又散布库尔斯克号与北约(NATO)潜水艇相撞的流言。随着信息增多，这些声明被证明是不符事实的，它表明政府关心的首先是掩盖灾难，而不是解决它，抢救遇难者。

库尔斯克号的沉没对总统普京(Vladimir Putin)来说，也是公共关系上的重大过失。他当时正在俄罗斯南部度假地度假，他身着便装出现在电视中告诉观众，局势已经得到控制。然后他消失了好几天。他未能亲自处理危机的举动，惹恼了公众，激怒了惨遭厄运的艇员的家属。据《洛杉矶时报》(*Los Angeles Times*)报道，"普京在库尔斯克号沉没后，显得很冷漠疏远。他在黑海(Black Sea)度假地索契(Sochi)消磨将近一个星期，直到8月16日才请求外国援助。他没去潜水艇所在的北冰洋港口，鼓舞援救士气，而是在这个星期里扮演了不想碍事的旁观者角色。"[2]最后，这位俄罗斯首脑总算找到空暇访问库尔斯克号的基地，在那里迎接他的是充满敌意的愤怒群众。

你可以原谅普京没有遵守遏止危机的第三条规则，毕竟他的克格勃(KGB)的背景，不会使他受过处理这种事务的训练。在神秘莫测的克格勃的词汇中，很可能没有公共关系这个词。如果西方的领导者犯了同样的错误，就难以原谅了。但事实上，他们还是照犯不误。埃克森公司(Exxon)的CEO劳伦斯·罗尔斯(Lawrence Rawls)就是一个例子，他一直到悲惨的埃克森的瓦迪兹号(Valdez)事故发生三个星期后才现身。[3]埃克森没有把公司的高层领导派到历史上规模最大、破坏性最大的海洋石油泄露现场，而只是派去了一名地区官员。纽约市长鲁迪·朱利亚尼(Rudy Giuliani)的做法，与俄罗斯的普京、埃克森的罗尔斯形成了鲜明对比。在9·11事件之后，似乎随时随地都能看到朱利亚尼的身影。恐怖分子袭击世贸双塔发生几分钟之后，他就到达现场，指挥救援、面对媒体。在此后几周内，又出现在十几个葬礼上。

这并不是说CEO一定指挥每一场危机。例如，作为诸如巨型零售连锁店家得宝(Home Depot)的首脑就不必冲向一个商店的火灾现场。当然，那也不错，但不是非去不可。这个角色交由当地或地区的经理来扮演已经足矣，反应的程度应当与危机的程度相匹配。如果商店的火灾造成顾客或者员工死亡，这样危机就要求CEO必须亲临现场。

规则4：开放的沟通

火灾、断电、恶意兼并、严重产品问题以及其他毁灭性事件，会造成突然的、大量的信息需求。人们想知道发生了什么事情，怎么发生的，接下来会怎样变化，他们应当如何反应，诸如此类。遏止危机的第四条规则要求，对于这些问题应该尽可能给予回答。

每一个应急预案和每一个危机管理团队都应该有沟通计划，及时地将所得到的信息发布出来。显然，这一计划不会为人们的问题准备好现成的答案，但是它应当具备使沟通准备就绪的所有机制。这些机制包括：

- 一套收集可得事实的行动方案。
- 指定的发言人。
- 危机发生后应当取得联系的人员和机构的名单和电话号码（经理、监督人、消防队、警察、媒体等等）。
- 可以获得消息和指令的热线。
- 可以立刻发送消息的电子邮件群发地址。
- 一个装备了电话、手机、互联网的非现场的沟通中心（建筑物发生火灾，离开现场十分重要；在固定电话可能不能用时，移动通讯非常必要）。

你有准备就绪的沟通计划吗？它会满足严重危机的需要吗？

用事实抗御谣言和猜测

突发的危机会造成信息真空。出事了，但是没有人知道是什么事——至少在刚开始的时候。人们渴望着信息。如同自然界拒斥真空一样，在信息空白的情况下，任何消息都有可能填充进来，即便那些不过是猜测和谣传。如果你怀疑这一点，下次发生大灾难、爆发战争或者政治丑闻的时候，你打开电视看吧，播音员进入全时报道模式，请来所有谈话嘉宾（talking heads），填充播报时间。开始阶段，大部分谈话都是纯粹的猜测，因为主持人为了把僵死的播报时间填满，什么样的话都会说出来。比如，在克林顿—莱温斯基（Clinton-Lewinsky）桃色丑闻的第一天，一位国家公共广播（National Public Radio)的政治记者，还不明就里就大谈桃色丑闻对克林顿政治前途的影响，“人们在说……”她说得抑扬顿挫。这表明即使合法的媒体也会深陷谣传之中。

危机遏止的第四条规则是恰当地沟通已有的事实——不多也不少。这样做会填补信息真空，不给谣传和猜测留下空间。一个优秀的沟通者能够直接消除流言，如下面这些例子：

一些员工担心，我们计划与奥斯卡猫粮有限公司(Oscar's Cat Food, Inc.)合并，会导致纳什维尔(Nashville)的工厂被关闭。这个担忧是没有依据的。我可以告诉你们，没有关闭纳什维尔工厂的计划。

正像很多人猜测的那样，10 月 27 日的大火对我们的信息系统设备造成了相当大的损失。全部损失的具体数字目前正在被评估。同时，我们在异地的后备系统可以全面运转，能够在整修阶段处理所有信息和交易需要。从明天开始，所有订单将会引导到我们设在爱尔兰的利默里克(Limerick)的客户服务中心，由离站信息中心加以处理，并由地区配送机构完成。

最近的几则新闻报道了公司在员工养老金计划管理上的所谓不正当做法。到现在为止，还没有一个推测得到证实。董事会已经聘用一家独立的法恩斯沃思和法雷尔(Farnsworth & Farrell)审计事务所，承担彻底审查的工作，当前刚刚开始不久。完整的报告预计在今年 11 月初做出，到时大家都可以得到。一有任何中期结果出来，都会及时通告你们。

在沟通时要立即说出所有的坏消息。这比坏消息被连续不断地披露要好，显得更诚实。立即说出坏消息就像一下子去掉绷带，暂时会疼，但是接下来疼痛会消失。同样，坏消息一旦放掉，接下来的沟通可能就转以好消息为主了。

我很高兴地向大家报告，由信息部 IT 副主席简·哈利（Jane Harley）和 COO 杰克·纽霍尔（Jake Newhall）所做的信息中心的火灾评估结果：损失远比预计的小，系统也会准备就绪，提前恢复运转。同时，今天是离站的信息中心处理客户订单的第二天，进展非常顺利！

讲话口径要一致

尽管你的危机管理团队可能已经选定了发言人与媒体沟通，但是媒体很可能找到其他人，让他们谈自己所知道的情况和自己的看法。例如，如果一位高级经理刚刚受到性骚扰的起诉，女员工非常可能接到喜欢猎奇的记者打到家里和单位的电话。这些员工可能掌握着事实，也可能没有。所以应该鼓励员工对所有问询，都向公司发言人求助。

与股东和公众沟通

在遏止危机的过程中，员工自然是首要的关心对象。但是也不要忘记其他的相关者，其中包括股东、供应商、客户以及战略伙伴。他们想知道目前的状况和未来的前景究竟如何。公司所在地的公众也会有同样的愿望。将告知员工和股东们的事实，同等地告知给公众；新闻稿通常是最快、最好的方式。

还应当记住,说什么和怎么说,都是至关重要的。你的沟通方式可能导致恶化危机的行动,也可能促成使危机好转的行动。按照定义,危机总是意味着坏消息。把痛苦和愤怒的局面及早处理好,可以预防事态进一步变坏。你的目标是遏止全面的危机,而不是使眼前的这一刻平安无事。

举棋不定时,听命于你的训练、道德准则与直觉

危机遏止可能会让人为做出好决策而心力交瘁。情况不明朗,但是决策者必须迅速行动,否则将会面临更加危急的局势。没有时间收集更多的信息,冷静考虑其他可选择的反应,或者考虑每一个反应的不可预料的结果。花点时间设想一下这样的情形:一位 23 岁的陆军中尉的步兵排刚刚进入了伏击点,两名士兵就被击中,其他人由于受两个抑或三个方向的火力夹击,都动弹不得。浓密的矮树丛让人不可能看清面对的是怎样的敌人。声音震耳欲聋,包括你在内的每个人都在大喊大叫。你明白,要是按兵不动,敌人的迫击炮就会趁机把火力集中过来;要是移转,你的人马就会暴露。排里的军士爬到能听到喊声的地方叫道:“长官,我们怎么办?”是啊,你们该怎么办?

如果你承担着遏止危机的责任,你和这个陆军中尉就有类似的处境。几乎没有信息可以得到,形势严峻。但是,你不能让优柔寡断使你处于瘫痪状态;你必须在问题恶化之前采取行动,而且要

迅速。如果你拿不定主意该做什么，就做下面的事：

- **依靠你的计划和训练。**如果你已经制定了应急预案，你一定已经考虑过如何以最佳的方式应对一系列潜在危机。如果你通过模拟和演习测试过你的计划，你就会有立即采取行动的一套可行的选择。

寻求明智的忠告

如果你必须在信息不充足的情况下迅速做出一项重要决定，别认为你必须一个人做出决定；应向你信任的人寻求建议。理想情况下，你的危机管理团队应包括在困难局势下能够保持思维清醒的值得信赖的人。可能模拟演习已经使你们准备好了怎样在紧迫条件下进行合作。如果你没有这样的团队，与一位明智的、可信的朋友或导师——一位你可以依赖的、能够客观批评你的想法、并提出好建议的人——保持联系。让那些忠告者检验你的想法，他们经历过类似的情况，可能提出你没有想到的其他行动方案。

- **让你的道德准则引导你。**要判断什么是对的，什么是错的，道德感是你的强大指南针。如果前景晦暗不明，就让道德准则为你确定行动的方向。
- **听命于直觉。**如果你直觉到有什么不对，它极可能真的不对，别干这事。

小　　结

● 遵守遏止危机的四条规则：

1. 行动迅速、果断。推延只会使局面恶化。

2. 把人放在第一位。建筑、存货、信用等级、公司声望等方面的损失都能够被弥补；而顾客和员工的生命则不能挽回。

3. 尽可能使高层领导亲临危机现场。这表明了对待危机的严肃态度。

4. 保持开放的沟通。这是抗御流言和猜测的最佳方式。

● 当你不能决定什么是行动的正确路线时，就让你所受的训练、道德准则和直觉来引导你。

6 危机解决

6 危机解决

——通向恢复之路

本章主要话题包括：

- 行动迅速果断的重要性
- 沟通的角色
- 项目管理如何为危机解决提供帮助
- 为什么强大的领导很重要

如果你遵循了前面介绍的危机遏止规则，那么你的公司应当能够比较容易地解决危机。在危机刚冒头时就地采取快速有效的遏止行动，会使危机变小、变得更易于处理。努力遏止危机，也可以确保真正的问题及其规模已经被正确地识别出来。否则，化解危机就是一场错误的战斗。经过危机遏止阶段之后，危机管理的任务就是控制住问题，不能放松，直到问题解决，局面恢复正常。

本章将介绍在解决危机时，危机管理团队从头到尾应当做的诸多工作。

迅速开始行动

时间在危机中不是你的朋友。如同在遏止阶段一样,时间会使问题变得更加盘根错节和四处蔓延,变得更加难以处理。遏止至多是阻拦措施,拖延解决会给危机冲出阻拦提供机会。让我们看看下面一则假想的新闻报道:

随着反对联合帽架公司(Amalgamated Hat Racks)的罢工进入第三周,似乎正在形成全国抵制联合帽架产品的局面。罢工联合会发言人杰西·吉米森(Jessie Jamison)今天宣布,已经要求全国的工会会员都参与抵制联合帽架的商店和产品。"十有八九,"吉米森说,"再过一周,我们会在多伦多、波士顿、洛杉矶、圣达菲等地的联合帽架零售店安排工会纠察员。"

危机长期持续,会使公司在公众意识中留下负面印象。如果你们公司的辛苦挣扎日复一日、周复一周地出现在早报上,公众就会在未来几年里,把你的公司同麻烦和冲突联系在一起。微软公司就其是否有垄断行为而同美国司法部的长期斗争——以及随后要应付的几个州的起诉——肯定有那样的影响。公众经常读到的是微软的犯罪嫌疑。即使是后来被证实不成立的那些指控,也一定影响了公众对这个软件巨人的态度。

同样糟糕的是,只要危机持续,你的企业便不会以高峰效率运作。供应商和客户会变得谨慎小心。员工不尽职尽责的情况会增加，招募新人也会出现更大的困难。员工们会把时间浪费在担心自己的工作，或者对公司问题的猜测上。抗御这些负面影响的手段，就是尽快解决危机。

排除危机压力的提示

如果你是危机管理团队的成员，你会感受到很多压力。节奏紧张，事关重大——对公司、对员工同事、对你自己。因为掌握的事实不全面，你知道很容易犯错误。恐惧、疑虑弥漫在空气中。你周围的人们紧张不安，他们的情绪注定会影响你。

下面是排除压力的几个提示：

- 保证充足的睡眠。
- 休息一下，为排除内心不断加剧的紧张情绪而做点什么：在森林里远足，沿着海岸骑车。如果你会乐器，每天演奏几支曲子。
- 不要只想什么会出问题。要客观看待危机，把注意力转向使事情步入正轨的益处。
- 避免陷入地堡思维(bunker mentality)。多花时间和那些没有身处危机中的“正常”人在一起。

记住，有些压力是积极的，它使你精力集中，使你的身心能量维持在高水平。另一方面，过多的压力也会导致你的思考和行动能力瘫痪。

持续地收集事实

危机往往是动态事件，它可能自行变异，也可能因为对外来介入做出反应而起变化。在开始解决危机时，你对面对的问题和局势可能形成了非常清楚的图景，这个图景会随着你的行动或放任而变化。此外，在危机期间，每一天都会获得新的信息。

上述两个缺陷——信息不全面和局势不断变化——的补救办法，是在试图解决问题的过程中持续不断地收集和处理新情况。让“今天我们又得知了哪些新事？”成为危机团队每日会议的一部分。采取“感受—反应”的模式，使自己不断适应新信息。如果固守根据起始情况而制定的计划，最终只能导致失败。

沟通不松懈

沟通是危机团队最基本的工具之一。关于公司状况的说明能为重要的相关人士，包括客户、供应商、股东和员工提供重要信息。沟通也是制止传闻、协调解决危机所需的诸多行动的手段。例如，火灾或暴风雨之后，员工必须被通知什么时间、什么地点去报到，以及他们应当做什么。如果信息系统发生紊乱，必须有人通报等着取薪的员工，他们的工资可能会迟付。如果罢工警戒线使生产部门无法完成客户订单，那些客户应当及时得到你的通知。如果新闻记者在敲门，你必须有策略使来者能从你的角度了解事件，并使它引起公众的共鸣。

假如在应急预案的常规组成部分中已经有沟通计划，就像前面讲过的那样，那么在这方面，你已经为大部分不虞事件做好了准备。如果还没有这样的计划，危机团队的相关人员应当尽速制定出一个计划来。

危机中沟通的提示

- 坦诚
- 提供事实
- 知道什么、不知道什么，坦白相告
- 设立制止流言的热线
- 每天把最新消息录在公司信息录音电话里
- 不要猜测

注意：沟通的内容——特别是与媒体的沟通——非常重要，以后会单独讲。

将行动备案

在危机解决的全过程中，信息来源和决策都要备有文件记录。你可能会对这个建议的价值怀有疑问。毕竟，有多少将军让士兵记录发生着的战役？在周围烽烟四起的当口，谁会有暇做这件事？

事实上，军队的决策和行动确实被记录下来。这样做可以为事后总结经验教训提供依据。例如，在第二次世界大战开始时，美国海军部(U. S. Navy)任命了一位高级的海军预备军官、哈佛历史学家塞缪尔·埃里奥特·莫里森(Samuel Eliot Morrison)担任记录者，从始至终对海战做记录。莫里森又聘用了一群研究人员协助他完成这个项目。他们的共同努力产生了 15 卷本的著作，此后两代的海军学员、战略家和战术家,都从这部著作中获益匪浅。

记录危机时的情况和行动,会在危机过后有类似的价值。危机团队可以尝试从中反省什么做得好,什么做得不好,将来如何改进。记录对随后可能出现的法律行为也会有所帮助。

适时使用项目管理技巧

解决危机时所面临的困难,可能与企业在其他领域所遇到的挑战性质类似。例如向市场推出新产品,重组一个运营单位,建立电子商务功能。这样的挑战通常是由正式的项目团队应对。危机团队和项目团队同样拥有几个重要的特点:

- 它们不是常规的活动,极少是重复性的。
- 它们需要很多不同部门的人员的技能和经验。
- 它们不是无限期进行下去,而是应该在未来某一时限内完成。
- 一旦任务完成,参与者回到原来的工作中。

这些特点表明,危机团队应当像已经取得相当成功的项目团队那样,组织起来解决问题。这意味着要集合控制局面所需要的经验、职权和技能。但是,二者之间有一些显著的差别。危机团队难以像项目团队那样,有奢侈的时间规划他们的工作。尽管围绕通过危机稽查识别出来的特定威胁(例如:火灾、洪灾或者 IT 系统瘫痪)备有应急预案,而且很多已经进行过模拟演习,但即便如此仍然缺乏关于何事必行的信息，因为危机常常以无法预知的方式演化。不过，二者之间还是有足够的相似之处，可以供危机管理者学习项目经理的经验。

项目管理分为四个阶段：界定和组织，计划，实施，结束项目。让我们看一看，危机管理者如何把这些步骤纳入到他们自己面对的威胁中。

界定和组织

第一阶段所涉及的任务，是清楚地界定出项目的目标，并把周围的合适的人力和资源组织起来。无论危机管理者面对的是产品召回，还是灾难性火灾的善后事宜，他们都可以同样行事，首先问："到底问题是什么？我们应该如何解决它？我们应该征招什么人来协助我们？我们需要什么资源以解决问题，并且使局面恢复常态？"

如果你正确地界定了危机，并且组织了合适的人力和资源，你一定有了一个出色的开端。

计划

计划从目标开始，按四个步骤逆向地操作：

1. 确认众多任务中每一项必须完成的任务。

2. 确认适合完成每一项任务的最佳个人或者小组。

3. 估算完成每一项任务所需要的时间。

4. 按适当的次序安排所有的任务。

如果办公楼的火灾损失是危机之源，你的目标可能有三个：按照需要为失去办公室的人安排临时办公空间；使受到破坏的环境恢复正常工作秩序；与受影响的人员定期沟通。从项目管理的角度看，这些目标中的每一个都接着被分解成一系列任务和任务分支。例如，使受到破坏的环境恢复正常工作秩序，你可能确认下列任务并且估计完成这些任务需要的时间：

- 取得对火灾损失的全面评估，以及需要修复的明细报表(14 天)。
- 与承包商谈判，聘用一位承包商承担修复工作(14 天)。
- 与办公设备供应商和技术支持方合作，重新布置被修复的空间(13 天)。
- 监督承包商的重新修缮工作(18 天)。
- 向员工沟通建筑物恢复进展(进行中)。

这些任务中有些要顺次完成，例如，你在估算出损失之前，不可能与承包商谈判。有些任务可以同时进行，例如，你可以在修复工作进行中，开始接洽办公设备供应商。

计划过程也必须指定专门的人负责每一项任务。把任务指定给个人是使任务得以圆满完成的最佳保证。如果一项任务没有人专门负责，它有可能不能按时竣工，或者让你不满意。

管理实施

管理实施阶段除了认真监督和控制之外，还要求有效管理的所有例行事务。它们联合起来保证执行计划、标准和预算。在危机中预算很少成为问题。与公司正遭受的经济打击相比，阻止损失和恢复常态的花费是合算的。但是，监督和控制仍然至关重要。应始终关切以下问题：

- 所有计划中的任务都在进行中吗？
- 所有计划都在按时进行，还是遇到了阻碍？
- 公司给员工、媒体以及其他利益相关者的消息是否准确一致？

项目经理的大部分时间花费在协调团队的工作上。危机团队的领导人也应该这样做。他们需要大家共同合作，并且保持击退危机的旺盛精力。

提醒一句：项目经理的技巧不适合解决所有危机。例如遇到日益严重的金融危机，再如诈骗或者挪用公款。但是，当火灾、造成停顿的大风雪或者产品召回之类的伤害性事件突然袭来并迅速结束时，借鉴项目管理手段将有助于你在跌倒后重新爬起来，有条不紊地恢复正常运营。

结束项目

项目和危机的一个共同点是它们最终都会结束。项目结束意味着它的目标得以实现。新的生产线投入使用，新的电子商务网站建立并且在成功地运作，公司搬迁到新总部的工作已经完成，业务恢复了正常节奏。终止一个已实现目标的项目，是在做好善后总结工作，并且反思过项目的经验教训之后。

同样，危机管理也有最后的总结阶段，该阶段的主要任务之一，是回顾所经历的一切并从中得出经验教训：什么做得对？什么做得不对？如果公司再遭遇类似的危机，我们如何改进处理的方法？本书后面会详细讲述有关学习的问题。这里一定要记住的是，危机团队必须做到：

- 正式宣布危机结束——但不要仓促为之；
- 记录所发生的每一起重要事件；
- 让参与者参加事后检讨，这是组织能够从宝贵的经历中取得经验教训的最佳保证。

不要埋怨指责

随着危机加剧，人们试图确定是什么出了问题，埋怨别人的冲动几乎难以克制。诚然，团队某个成员的能力问题或者严重的错误可能是导致危机的原因。例如，安然垮台的案例中，人们都把矛头指向财务主管(CFO)安德鲁·法斯托(Andrew Fastow)和董事长兼CEO肯尼思·莱(Kenneth Lay)。但是指责别人丝毫不能挽救公司、保住几千诚实能干的员工的工作，或者挽回持股人的利益。在危机期间花费精力寻找罪魁祸首或者替罪羊的做法有害无益。它使士气低落，压抑解决问题需要的创造力和专心投入。所以不要埋怨指责，而要创造一种氛围让大家向前看看需要做什么，而不是向后看看谁错了。危机过后会有充裕的时间谴责责任者。

当一名领袖

危机期间人们渴求一位坚强的领袖。与委员会或者团队相比，他们更加期盼一位自信的、可以被亲眼见到全身心投入的领导者，带领他们渡过恐慌。所以军官会在战斗的前线与士兵们并肩作战。所以温斯顿·邱吉尔(Winston Churchill)在闪电战令人恐怖的几周里，会经常现身于伦敦街头。基于同样的理由，李·艾科卡(Lee Iacocca)在上个世纪80年代挽救克莱斯勒汽车(Chrysler)灭亡命运的运动中，使自己的名字在北美家喻户晓。那时他似乎无处不在，为获得政府担保克莱斯勒所需要的重建贷款而斗争。几乎不管你看什么——从晚间新闻、商业周刊(*Business Week*)到一系列电视广告——他都在那儿诉说，为什么一个复苏的克莱斯勒会对工作机会、经济、美国竞争力都有益处。像他这样展现出坚强、全身心投入和自信的领导，会带动其他人也表现出同样的素质。

领导者的显见度(visibility)无论如何强调都不过分。保罗·阿金提(Paul Argenti)在对纽约9·11悲剧的研究中发现，最有影响力的危机管理者会表现出高水平的显见度。

他们明白，他们工作的中心部分是政治的，而他们的员工，不夸张地说，是他们的选民。在动乱中，员工希望能有感觉得到的证据，证明最高管理层把他们的痛苦当成公司最关心的问题之一。书面声明是有作用，但口头声明以及充满同情的声音更能传达出诚意。如果这个声音发自公司的领导者，那么听者有理由相信，公司会竭尽全力兑现它做的承诺或担保。[1]

就阿金提所提倡的显见度而言，当代的领导者中，最有力的实例莫过于纽约市的前市长朱利亚尼。9·11恐怖袭击发生后几分钟之内，朱利亚尼就出现在了现场，在那里负责抢救工作。在双子塔倒塌后，他依然留在第一线。到处都有朱利亚尼：新闻发布会，一连串的葬礼，危机指挥中心，电话采访，在街头与人交谈。阿金提说："朱利亚尼的显见度，加上他的果断、坦诚和同情心，鼓舞起了纽约人的士气——实际上也是全体美国人民的士气。"[2]

当领导出问题时

眼下的领导者，在某些形势下会成为麻烦。一个实际的案例，1999年调查发现盐湖城奥委会（Salt Lake Olympic Committee，SLOC）涉嫌与腐败网有牵连。据当事人申述，他们向13位国际奥委会（International Olympic Committee，IOC）成员赠送过奖学金、现金和各种奢侈礼品，以回报他们投票支持在犹他州盐湖城举办2002年冬季奥运会（2002 Winter Olympic）。13位成员中，4人辞去了IOC的职务，5人被暂停职权，1人受到警告。盐湖城集团的另外两名成员，主席和副主席也辞职了。SLOC丑闻震惊了奥林匹克体育界，威胁着2002年冬奥会。这是现代奥运会自始以来面临的最严重的危机。

随着SLOC的领导者被赶下台，它的名声深深受损，募集举办奥运会所需要的14亿美元私人捐助变得极其困难。犹他州的州长怀斯利（Wisely）任命了一名外州人——波士顿的商人米特·罗姆尼（Mitt Romney）——担任领导，扭转SLOC的低迷形势。罗姆尼是一副新面孔，没有受到前任问题的不良影响。他也是一位成功的风险投资家和商务顾问，富有逆转问题公司命运的经验。更有利的是，他具备SLOC所缺乏的，做事效率高和道德操守高尚的美名。这一名声在吸引2002年冬奥会成功举办所需的捐款和志愿者方面，是非常必要的。

罗姆尼顺利地率领SLOC走出危机，成功举办了为期10天的运动会，并且给人留下了深刻印象。这个案例清楚地说明了有效的、受尊敬的领导者在危机中的重要性。如果处于危难的组织缺乏那样的领导者，则阵前换将是十分必要的。

在危机中，如果命运安排你做领导者，就扮演好你的角色。不管你是大型公司的CEO还是部门主管，尽快找到真正的问题是什么。对各种传闻、小道消息、无关信息进行筛选，直到你发现真相。为了找出真相，你可以通过这些方式：向合适的人问询，倾听最可靠的声音，去正确的地方。一旦得知了真相，做出如下反应：

- 引人注目地出现——表明有人在负责，在努力改善形势。
- 直面危机——把惊恐变成积极的行动。
- 保持警醒——密切关注新发展，认识新信息的重要性。
- 把公司的工作重点放在优先对象上——首先保证人的安全，然后依次满足最关键的需要。
- 估计你有把握的是什么并做出反应——没把握的事不要做。
- 需要时打破规则——当危机塞满大脑时，很难去制定规则、预算和方针。

不要忘记让大家合作。领导者要有能力使大家作为一个团队工作。他们的努力是有价值的，这一事实本身就可以帮助消除紧张、减少恐惧以解决危机。请看下面的例子：

在一位邮购零售商的节日版邮购目录中，可以提供给顾客大量的产品，包括印有姓名字母图案的手袋、针织套衫和其他货色。但是它完全低估了回应。从目录发行的10月份开始，公司的电话线就被定购者打爆了。公司发觉自己处于非同寻常的危机中：订单堆积成山，必须在节日之前处理和寄出。它雇用了临时工人，帮助做工作量很大的顾客订单处理和发货的工作，但是要对付全部的积压订单，人手还是不够。

配销主管认识到，如果他们不能在圣诞节之前把所有东西邮寄出去，也许就不会有下一季了。所以，CEO发出请求帮助的信息。他征招经理和员工在仓库加夜班。这对于很多人来讲是个难题，特别是有小孩的人。但是 CEO 很有说服力地解释了形势的详细情况和严重程度，并说明如果有了他们的帮助，就会渡过危机。结果，大多数人主动请求，每周加两三个夜班。

从 CEO 往下的每个人一起工作了六个漫长的星期，精疲力竭。他们通过出色的团队配合终于完成了任务。那一年公司销售增长 80%，令人惊讶不已。通过团队合作，本来可能成为危机和失败的事情被彻底扭转，是卓越的领导能力使它成为可能。

一个危机中的领导者能做的最大贡献之一，即是使大家恢复正常的工作和生活。重返工作岗位有很多治疗性效果。员工们在无所事事的坐等和迷惑中所产生的焦虑感，会因重新工作而减弱。它让人没有机会进行无聊的猜疑、传播流言飞语。（记住这句谚语："一闲生百邪。"）最重要的是，它使人真实地感觉到，他们是解决危机的力量之一，正是他们在使情况好转起来。

宣布危机结束

危机一定会在某一时刻结束，但是，在哪个时刻宣布危机结束呢？发明拍立得照相机的宝丽来公司（Polaroid Corporation）长期在危机中挣扎、资金枯竭，直到 2002 年 7 月，OEP 投资公司（One Equity Partners）的分公司获得了宝丽来公司的资产，危机才宣告结束。其他企业的危机结束没有这样界限分明。例如，拥有纺织品生产厂、发明了波拉泰克（Polartec）抓绒面料的家族企业梅尔登公司(Malden Mills),与海外对手竞争多年之后,于2001年11月宣布破产。到了2003年,它的所有者艾伦·福厄斯坦(Aaron Feuerstein)通过与一家房地产开发商的金融协议,而为公司赢得了缓刑的机会。开发商向梅尔登公司注入了相当一笔资金,作为回报,他能够在梅尔登公司的多余地产上建筑600所出租房,他还将与福厄斯坦一起成为公司的共同拥有人。但是,危机尚未完全结束。今后福厄斯坦必须找到至少1亿美元,买下开发商的全部股权,才能收回他的公司。梅尔登公司第一阶段的危机结束了,但是第二阶段又开始了。

你怎样才能知道一个危机到了结束的时候?寻找以下的信号:

- 员工的工作恢复了正常程序。
- 客户和供应商有必要的信心跟你的公司开展业务。
- 电话铃在响,但不是新闻记者打来的。
- 销售额、赢利和其他业务成绩的指标重新步入正轨。

这些都是危机结束的信号,管理层可以重新把注意力转向它的首要职责了:增长和利润。

小　　结

在危机中时间不是你的朋友。危机持续的每一天,都在进一步渲染公司的负面形象,并为传播该形象制造机会。所以一旦你已经遏止了危机，随即采取迅速果断的行动去解决它。

- 在解决危机的过程中，有些情况会变化。因此要持续不断地收集信息，这样做可以让危机团队对面临的形势有清楚明确的了解。
- 不断的沟通会向重要的相关者提供信息，并制止流言和猜测。
- 进展的同时，记录下危机和解决的方法；只有这样做才能在事后评价危机团队的表现，从中吸取经验教训。
- 很多危机可以通过项目管理技巧解决，包括界定目标、计划、实施和结束项目。
- 人们在危机时，希望有一个坚强、自信、能醒目地看到的领袖。

危机管理

7 掌控传媒

7 掌控传媒

——以媒体为喉舌

本章主要话题包括：

- 应对印刷媒体和电子媒体的建议
- 受众分割的重要性
- 利用分割制造一个系统的沟通战略
- 危机沟通经常被问及的问题

沟通对于每个应对危机者、在每个危机管理的活跃阶段都是一个重要的工具：应急预案阶段、遏止阶段以及解决阶段。前面的章节中已经强调过它作为控制和协调工具的重要性。还必须通过媒体——报纸、电视、广播——的沟通让公众在心里构建起与事实相符的对危机的认识框架。如果不能有效地应对媒体，那么从你的角度对于事件的陈述就永远也不会被听到。更糟的是，你公司的名誉可能会被怀有敌意的或得到了错误信息的记者、新闻编辑毁掉。

本章提供的建议，会使你采取更加合作、更加有效的方式跟媒体打交道。

谨慎对待媒体

一定要特别重视通过媒体与公众的沟通。你的消息应当完全符合事实，并且要坦率、公正。它们应该代表你的公司观点，并且要用事实说话。如果你能及时地、经常性地公布消息，那么你极有可能成功地使你对危机的陈述在公众的心里形成一个认识框架。我们所说的"框架化"(framing)是什么意思呢？让我们看一个化工厂爆炸的假设的案例。根据所有可以得到的信息，管理层得出如下结论：

爆炸的原因是一个压力阀门出了问题。该阀门与其他阀门一样被定期检查。记录显示，对该阀门最近的一次检查没有发现问题。此外，爆炸造成的化学泄漏，已经被工厂内部的保安所遏制。公众一直没有危险。这是工厂 22 年历史中第一次发生这样的泄漏事件。

如果公司尽快公布这些事实，大多数公众会据此形成对形势的认识框架。但是，假如公司没有能够公布这一消息，媒体可能会用非常不同的方式讲述这个事件。

昨晚，阿珂姆化工公司(Acme Chemical)在曼彻斯特(Manchester)的工厂泄漏了数量不明的有毒物质。这一事故也是英国化工厂遭遇的一系列不幸事件之一——最近一次是 3 月 12 日发生在利物浦(Liverpool)的事故，造成一人死亡，迫使几百人深更半夜逃离家园。阿珂姆工厂附近居住着六百个居民。奈杰尔·本特利(Nigel Bentley)是其中之一。"让人有些害怕,不是吗?"本特利先生告诉我们的记者。"不知道那里到底出了什么事。我们也许正在曼彻斯特经历又一个博帕尔灾难。"(印度的博帕尔灾难发生在1984年,造成70多人死亡,数万人受伤。)

本特利先生的担忧引起了一个更大的问题:英国像阿珂姆这样的工厂到底有多安全?

注意:这家报纸是如何把这一事件放在对于英国范围内的化学工业安全的更大担忧的框架之下来进行报道的,并引用了另外一家工厂的毁灭性事故。更有甚者,它在没有提到阿珂姆工厂的实际威胁的前提下,使用了一位不了解情况的邻居的话,还提到了博帕尔灾难,给报道注入了大祸临头的元素。对事件的这种框架化处理,与公司管理人员所发布的框架大不相同。可以预料,这份报纸极有可能卖得很好。

如果公司慢吞吞地不把它的描述传达给公众,那么停留在公众脑海里的将会是报纸对问题的认识框架。如果那样的话,阿珂姆就不得不把沟通策略由自主讲述,转变为反驳新闻报道——那可是一场容易失败的、艰难的战斗。

给他们事实

记者既不是食人妖魔,也不是谎言家。他们只是对新闻感兴趣，最好是可以使他们的名字出现在头版报道之下的新闻。因此，如果你拖延发表声明，或者用“无可奉告”、“我们正在研究中”一类的话搪塞记者，你就会迫使他们在得不到你的帮助的情况下，竭力阐发此事。第二天在报上读到的或在电视里看到的东西，很可能令你不快。危机顾问和作家史蒂文·芬克做过如下表述：“无论你的危机管理团队多么好，无论你的危机管理预案多么完备，如果你在危机时不能传达自己的消息，那么，你已经失败了。”[1]

如果想要让人们像你希望的那样了解这件事，其中一个方法是(1)预测记者可能会问的问题；(2)列出五个你最不希望被问到的问题，准备好答案。你要确信，肯定会有人问这些难题。通过预测媒体的问题，你可以构思和清楚说出代表你的视角的明确而完善的回答。这样做，你会达到两个目标：首先，你会表明你没有什么要隐瞒的；第二，你会提供给媒体进行正当的、准确的报道所需要的事实和支持材料，它反映了从你的角度对于事件的陈述。看下面的例子：

约翰斯通机器厂已经宣布了它的计划，要关闭位于伐姆威尔小镇的拥有300人的工厂，把它合并到位于几百英里之外的城市的更新、更大的工厂。它邀请了当地媒体召开新闻发布会。明智的约翰斯通公共发言人和其他的几位经理已经预测了最可能被问的问题，并且准备好了既简明扼要又周全的答案。

问：你们要关闭伐姆威尔的工厂是真的吗？

错误回答：是真的，我们计划在明年5月关闭工厂。

正确回答:因为来自低工资国家的竞争,我们必须尽可能高效地运营。因此,当然也非常遗憾,我们将会在五月关闭伐姆威尔的工厂。很多部门将转移到渥兹林高地(Wuthering Height)的一个更大、效率更高的工厂。我们向很多工人提供了提前退休的选择,对其他人,我们在渥兹林高地创造了新的工作机会,考虑优先雇用他们。

问:作为伐姆威尔最大的雇主,你们的做法会不会把这个地方变成弃城?

错误回答:我们不这样看。没有我们,这里的生活会照常下去。

正确回答:作为伐姆威尔社区长达 30 多年的成员,我们意识到我们的所作所为将对城镇及其居民产生影响。但是伐姆威尔拥有多样化的经济,它会渐渐适应我们的离去。我们会做两件事情以促进这一适应过程。第一,给所有失去工作的人员提供培训,增强他们在社区的就业能力;第二,我们正在寻找伐姆威尔旧厂的买主,一家会在原地提供高薪的未来工作岗位的生产商。

问:但是同时,你们的离开会不会使当地经济出现一个大缺口?

错误回答:我们不这样认为。

正确回答:根据我们的计算,影响会相当小。原因如下:接受我们的提前退休方案的年长工人,会马上开始收到退休金代替原工资——他们的健康福利会继续保留。只要公司拥有工厂,它就会继续向伐姆威尔交纳不动产税。虽然常规运营将在5月停止，很多目前的员工会继续得到6个月和6个月以上的工资，处理关闭事务。

注意在这个例子中，每个问题是怎样被预测到的。还要注意公司的发言人是如何利用每个问题提供的机会，从约翰斯通的角度讲述这件事，与公众分享实际信息。发言人还向提问者提供了足够的信息，使他能够扩展报道的核心。如果缺乏这样的信息，新闻记者将被迫通过采访社区的其他人来展开报道，而那些人可能对事实掌握的很少。譬如下例：

当地电视台新闻记者：本台记者卡斯珀·琼斯(Casper Jones)今天发自约翰斯通机器厂所在地伐姆威尔的报道。约翰斯通机器厂是本社区最大的雇主，它刚刚宣布工厂关闭计划。这个决定可能会使300多名工人失去工作，还有可能对当地经济造成毁灭性打击。现在我们请伐姆威尔商业区一位运动用品商店的店主哈利·邦珀斯(Harley Bumpus)先生谈谈他对工厂关闭的看法。邦珀斯先生，请告诉我们，约翰斯通关闭这里的工厂会对你的生意，以及镇里其他人产生什么影响？

邦珀斯先生：这会让我们很多人破产。在这样规模的小镇，无论什么时候，让300人失业都会带来大麻烦。谁还有钱来我的商店买东西？或者光顾本地的餐馆？这样一来还怎么缴税呢？而且在制造业这样一副现状之下，我不相信会有另外一家公司来提供就业机会。

记者：所以，似乎是对本地经济的巨大打击？

邦珀斯先生：没错。

记者：好吧。这里的情况就是这样。卡斯珀·琼斯发自伐姆威尔。让我们再连线迪比克(Dubuque)的新闻主持人。

选用合适的发言人

应当选谁作为发言人？大多数情况下，应当由一位身份明确的领导者担任，通常是CEO。当危机涉及到高端技术问题，而CEO不是这方面的可靠权威，可以考虑由一组人与媒体对话。使用这种发言人小组方式时，CEO提供背景和事态的概况，然后再请一位更懂得技术的下属补充细节——最好使用非技术用语。看过2003年夏天伊拉克战争每天关于联军的新闻简报的人，可能会回想起当时的情景。最高指挥官美国将军汤米·弗兰克斯(Tommy Franks)每次在开始时都是先讲战略概况和几个亮点事件，然后弗兰克斯会让他的直属下级介绍各方面战争进展的详细情况。例如，在弗兰克斯之后，一位美国空军指挥官会介绍头一天夜里空袭伊拉克指挥部设施的情况，一位英国将军会报告他的军队在分管的辖区中的情况，等等。这种小组发言人方式，使发布的信息更加可靠、更加一致。

应对媒体的技巧

记住:有效的媒体关系从危机出现之前开始。

保证得到报纸、电视、广播公正地倾听的最好方法之一,是永远用尊重和专业的方式对待其成员。如果你的公司同大多数公司一样,那么在非危机时候:当宣布收入、提升主管、发布新产品时,当公司向当地计划委员会寻求特别许可证时,等等,有很多机会同媒体打交道,特别是与印刷媒体打交道。利用这些机会与记者建立良好的关系,赢得他们的信任。面对面地结识他们。当他们来寻找新闻时,尽你的最大能力来帮助他们。如果你这样做了,当公司被绊倒时,他们就不大可能把公司放在烤肉架上。

下面还有几条技巧:

- 准备好一旦危机或事故的消息传出去,要应付闪电战般打来的电话。
- 做出回答。如果你意识到并回应他们所面临的实时压力,那么你就会增进与媒体的关系。所以,尽可能答复电话。你是在帮记者的忙,而得到的回报可能是他们按你的需要进行报道。
- 设法使记者的工作轻松。记者要得到新闻并迅速地让它变成当天可以印刷的材料。所以,给他们提供事实,提供报道的提纲。如果这样做,他们写出来的东西很可能符合你的胃口。

让资讯与不同的媒体形式相配

在约翰斯通的例子中,新闻发布会显示的是向广泛的受众提供一系列资讯的实用方法。在该例子和其他大多数例子中,这些受众包括如下分类：

- 社区领导
- 员工
- 客户和供应商
- 股东
- 一般公众

作为选择之一，可以考虑买下印刷媒体的广告版面，来解释你的实情。企业惯用这种方法，比如在接收争斗时，想促使股东投票选择一种方式，或者仅仅是想与公众进行沟通的时候。但是，不要指望靠一般声明就可以使人们了解你的情况和立场。新闻发布会、购买广告版面、新闻通告都是有用的，不过这些方式不能提供让某些类别的观众感兴趣的细节。传达那些细节的最佳方式是通过这样的策略：为不同类别量体裁衣，提供他们各自需要的信息，并且通过最适合的媒体形式来传达。

新闻稿在危机管理和其他沟通形式中占有一席之地。大企业可以依靠公共关系班底撰写新闻稿，小公司的老板或经理一般要靠自己。附录 B 提供了撰写新闻稿的入门知识。

分割你的受众

受众分割（audience segmentation）是有效沟通策略的基础。你的营销部能够不依赖广大受众的信息而让人们了解你的产品并发生兴趣吗？当然不能。它要确认主要的分割市场，并且确认每一部分的独特关注点，然后针对每一部分，以适当的形式和最可能造成大影响的媒体，向他们宣传。在危机中进行沟通，你可以采用类似的分割做法。

作为第一步，根据兴趣焦点分割你的受众。例如，在有关约翰斯通及伐姆威尔的案例中，员工们可能对与自己切身利益相关的工厂关闭的详细情况，非常感兴趣：公司的提前退休计划、解雇费计划、就业再培训、新工厂的工作机会，等等。估计他们对工厂关闭会不会影响伐姆威尔镇的计税基数，兴趣不会太大。相反，市镇官员却希望了解有关计税基数的所有情况，以及公司寻找生产设备买主的计划，此外的其他情况则未必想了解。同样，股东和供应商会对关系到他们利益的专门信息有强烈的求知愿望。例如，股东们希望知道工厂关闭和迁移，对于本年的分红会造成什么影响。

当你完成受众分割的任务之后，你肯定对需要准备和传达给每一部分受众的资讯有了更好的想法。事实上，你需要为不同受众准备不同的信息内容。只是要保证不同的资讯之间应该一致，不要互相矛盾。

选择最适合的媒体形式

构成沟通策略的第二步是选择最佳媒体形式，向各分割部分传达信息。如果你打算就公司新软件中的一个小故障与500名注册用户对话，你应该在《纽约时报》上登条消息或者召开一个记者招待会吗？这当然不是好的选择。你应该给每一个用户发一封信或者电子邮件，为此问题向他们道歉，并说明你打算如何修改。作为危机沟通者，你也必须针对不同受众，选择适合的媒体形式。在这么做之前先问下面这些问题：

- 我将要沟通的是哪一部分受众？
- 沟通每一部分受众的最佳媒体形式是什么？
- 每一部分受众最重视的资讯是什么？

这些问题的答案会指导你决定与谁进行沟通，你要讲些什么，你怎样才能以最佳的方式与受众沟通。表 7—1 表示了约翰斯通机器厂可以怎样(在危机到来之前)就分割出不同的受众，并且确定针对这些不同的受众哪些信息和沟通方式是最有效的。一般情况下，应当由企业负责沟通的副主管制定这一策略。

保持系统性

制定危机沟通策略的最佳时机是在危机袭来之前——作为应对很多可能出现的问题的危机应急预案的一部分。根据你经营的企业的类型，你应当备有产品招回、被竞争对手接管、友好的合并、自然或者人为灾难等等各种危机的预案。如果你根据预测出的潜在问题制定了策略，那么你就会有足够的时间研究不同的媒体渠道。

表 7—1

分割沟通策略

分割	重要信息	媒体	时间选择	发言人
员工	● 新工厂的工作 ● 提前退休的一揽子方案 ● 再培训项目	● 公司全体大会 ● 给全体员工发一封信	● 记者招待会之前 ● 经常性追踪通报	CEO 工厂总经理 人力资源部主管
客户	● 改变后更好地为你们服务 ● 变化会使公司更加强大 ● 订货和服务不会受影响	● 致信所有的采购经理 ● 直接通过销售代理 ● 业内杂志	● 与新闻稿同时	营销部副主管
供应商	● 变化会使公司更加强大	● 致信给所有一级和二级供应商 ● 亲自给一级供应商打电话	● 立即	企业供应链经理
投资人	● 将变化彻底公开，说明变化的原因以及何以会使公司强大	● 给股东写信 ● 网络广播	● 立即	CFO 企业投资关系部副主管
社区领导	● 将变化彻底公开，说明变化的原因 ● 对雇员和社区关注点的特别考虑	● 与社区领导会面	● 记者招待会之前	CEO 工厂总经理 人力资源部主管
监管者、政府机构	● 将变化彻底公开，说明变化的原因	● 挂号信	● 记者招待会之前	COO 法律顾问
普通公众	● 将变化彻底公开，说明变化的原因	● 新闻声明	● 与重要股东第一次谈话之后	CEO 企业沟通部副主管

常见问题

与媒体打交道,可能会是非常伤脑筋的,但是也未必这样。按照忠告,谨慎地与媒体打交道,使资讯适合不同的群体,这样你就可以处于良好状态。还有就是检视这些经常被问及的常见问题,他们一定会减轻你的其他任何担忧。[2]

我应当如何应对有损士气的流言飞语?

事实、诚意、及时是对抗流言的最好办法。管理层态度坦诚,并且及时把所有信息告诉员工和其他人,这两点非常重要。可以采用网络、语音信箱、录音信息、备忘录等等手段。

在危机管理时,我可能根本没有时间花费精力与每一个想了解情况的人沟通。我该如何解决这个问题?

拿出时间!沟通对于解决问题绝对至关重要。最佳的沟通是面对面的,并且是由领导者出面的。次之的选择是由公司一位可靠的、受信任的官员代替。

如果要求我对媒体发言,该不该告诫记者们,不得引用我的言论?

一般地说,这样做很不好。如果你不希望报纸刊登你的话,那你首先就不要说那些话。在极少的场合中,提供背景信息可能有益,但是,只有在特殊情况下才应该那样做。

当灾难破坏了沟通渠道

发达地区的人会把现代的电子通讯模式看成是理所当然。事实上，我们彼此交流在很大程度上依赖于传真机、电子邮件、互联网、电话、收音机和电视。我们只有在电力中断，或互联网设施、公司服务器垮了的时候，才知道对此心存感激。幸运的是，大多数情况下这类中断仅仅持续几分钟。

危机管理者必须明白，严重的自然或人为灾难可能会一连数日或数星期彻底摧毁电力网，从而限制他们与员工或公众的沟通。9·11期间，曼哈顿下城(lower Manhattan)恰恰发生了这种事。纽约双塔的倒塌，摧毁了成百上千条陆上电话线，几百万条数据线路，以及重要的移动电话系统。甚至陆上通邮也遭到破坏。你的公司所在地区也可能发生类似的公益设施瘫痪事故，这应当促使你为利用如下非传统沟通渠道而制定后援计划：

- 购买报纸的一个版面刊登消息。
- 利用新闻访谈传播新闻和给员工下达指令。
- 寻找一个办法，让 CEO 在收听率高的广播或收视率高的电视谈话节目中，解释正在发生的事情。
- 经由设在未受事故影响城市的办事处分部传递消息。

保罗·阿金提描述过美国航空公司(American Airlines)在9·11期间如何把萨博(Sabre)票务和航班信息系统用于与全世界各地的员工进行沟通。因为每一个美国航空公司票务柜台和员工休息室都有萨博终端，这个系统被证明是个方便、有效的中介，它使管理层可以直接向员工通报有关危机的情况。[a]

[a] 参见 Paul Argenti，“Crisis Communication：Lessons from 9/11”，*Harvard Business Review*，December 2002，103-109。

如果我有关于危机的重要信息要披露，我应该先告诉谁，媒体、员

工、股东、还是公众？

应当同时告诉所有人。首先要记住，当今信息传播得非常快。即便你只把关于危机的信息告诉了一个人，这个信息也可能会通过电子邮件和电话传遍全球。考虑到你的每一个选民都极其重要，都有知情权，唯一的可行的解决办法是同时告诉所有人。

如果在危机时我负责的团队分散在各地，我是应该去拥有良好沟通条件和人员支持的总部，还是应该去危机的发生地点？

这个问题的答案显然依赖于具体情况而定，但是通常来说，最好是到危机现场。亲临现场会使你直接感受到危机形势和它随时发生的演变。它还会给每个人一个明确的信号：你很关注，并在尽职尽责。如果你需要关键的总部人员协助你，就带上他们，或者通过电子邮件或电话跟他们保持联系。

我应该公开宣布最坏的估计吗？

一个做事有效的领导者，不应是悲观主义者。同样地，一个好领导必须是现实主义者。大多数人——特别是员工——宁愿知道所有的合理的可能性，也不愿受一个非常消极的结果的惊吓。在完全诚实的策略之下，总有可能找到那些积极的消息——这是危机时受欢迎的事情。还有，如果你通过宣布较糟的合理的可能结果，从而使人们为最糟的情况做好准备，那么，很可能实际结果会比大多数人期待的要好。

我应该公开承认所犯的错误吗？

如果已经犯了一个错误，答案一般是“应该”。当然，在考虑牵扯到的法律问题时，需要权衡该不该这么做。从长远来看，最好承认错误，因为它们几乎不可避免地要被发现并公诸于众。最终，公众更加尊重勇于承认错误，而非在错误面前畏缩的组织和人。

在危机时，应当由公共关系主管担任公众发言人吗？

如果危机影响整个企业，发言人应当是CEO。只有资历最老的个人，才能够得到广泛认可，有权代表整个企业发言。对于限于企业个别部门的危机，可以由公共关系主管担任组织的发言人。

小　结

- 媒体是你与公众、公司股东沟通的渠道，所以，要坦诚、要准确，并且按照你的想法设定信息框架。向媒体提供支持你的资讯的事实。
- 忽视媒体不会给新闻事件塞上瓶塞，那样只会促使记者按照他们的想法构架和展开新闻——可能不是你喜欢的结果。
- 在与媒体见面之前，做两件事：(1)预测新闻记者可能会问到的问题，(2)想出五个你最不愿意回答的问题，然后准备好它们的答案。
- 平时尊重记者，在危机时记者就更可能公正地报道你的公司。
- 制定沟通策略时，从分割受众开始。然后，根据每一部分受众的关注点为他们准备信息。最后，利用最恰当的媒体形式与每一部分受众沟通。

- 外界的灾难可能会使你已有的电子通讯线路瘫痪，对此你要有所准备。
- 制定沟通策略的最佳时机是在危机出现之前。

8 在经历中学习

8 在经历中学习

——前事不忘，后事之师

本章主要话题包括：

- 宣布危机结束
- 建立一个供人学习的文件日志
- 从危机中学习并用在工作中

当一个腰包里有钱的人和一个头脑里有经验的人相遇时，通常会是有经验的人带着钱离开，有钱来的人带着经验离开。在组织发生危机期间，也有类似的情况出现。经验的价码大得惊人。即使是管理得最好的危机也要付出数百万美元的代价。强生公司在泰诺案例中可能破费了7亿美元(2003年的美元)。但是，假如该公司由此提高警惕并且热心学习，那么公司的痛苦将为他们换来经验，这是一种回报。而经验还可能带来重要的未来红利。请看下面这些例子：[1]

- 1993年，当第一伙恐怖分子在双塔的一座地下停车场引爆了一颗大威力的汽车炸弹之后，世界贸易中心的承租人采取了措施，这些措施在8年后重现的恐怖袭击中挽救了很多人的生命。
- 1992年，安德鲁飓风(Andrew Hurricane)袭击

了佛罗里达，它导致了破纪录的168亿美元保险赔偿——这是美国历史上自然灾害损失的最高纪录。这次史无前例的保险赔付，促使保险公司重新考虑他们负担风险的做法，进而寻找能够减轻连带影响的方式。

本章向你提供结束危机的技巧。还将说明如何从危机中学习，并且利用所学到的经验教训来规避或准备应对未来的危机。

为危机划上句号

在某一时刻，某位负责者必须宣布危机结束，危机心态已经不合时宜。那个时刻的选择完全取决于具体形势。下面是几个例子：

- 你已经阻挡开了竞争对手的恶意兼并，或者你刚刚被“捕食者兼并有限公司”（Predator Conglomerate，Inc.）所吞吃。在这两种情况下，危机都结束了。
- 威胁把你公司拆成几块的反垄断诉讼败诉，危机结束。
- 在主人的公文包里偶然起火的手提电脑，已经全部被收回并更换了更加安全的型号，危机结束。
- CEO被揭发贪污公款，判处3年有期徒刑，他将在监狱里讲授商业伦理。公司历史上令人尴尬的一章就此结束。

审判、灾难最终结束——不论结局是好是坏。问题不复存在，生活恢复常态。管理层必须识别和传达这个从危机到正常的转变。

重大的事件需要一个尾声，企业危机也同样需要。组织领导应当通过公司全体大会、网络广播或其他的合适的手段宣布结束。在中小型公司，领导应当走访每一个工作单位。无论采用什么方式，领导都应当做到：

- 简明扼要地重述危机：解释发生了什么事以及为什么发生。
- 清楚、诚恳地描述事情是如何解决的；别掩盖损失或不顾事实美化结果。
- 让每个人都知道事情是如何走到今天这一步的。
- 提出恢复工作和前进的方案。
- 提醒人们公司的战略目标。
- 鼓励所有人尽最大努力向前进。

如果公司已经走出危机，而且没有遭受太多损失，或者说胜利地走出危机，可以考虑采取某种形式庆祝一番：午宴、一起远足或者全体员工休假半天。对于那些帮助公司渡过危机的人，一定要感谢。不过，如果在危机中有人受伤或者遇难，则显然不宜搞庆祝活动，举行一个纪念仪式显得更加得体。

把对危机的反应记录下来

每一个危机都产生一个记录。前面已经讲过记录下危机和应对危机的反应，是有价值的。根据情况，这种记录可以包括：

- 政府调节机构发布的违约行为公告
- 被指引起伤害的产品的检测数据
- 危机行动计划
- 已经完成的行动的日志
- 新闻稿复印件
- 报纸剪报
- 危机团队成员名单和其他参与者名单
- 危机管理团队会议备忘录
- 用于危机花费的所有发票
- 一份正式的事后损失评估

这些文件是历史记录的一部分；它们应当被收集、被保存。

为什么自找麻烦做记录，特别是当全公司都迫切地想把过去忘在脑后，重新开始正常业务的时候？理由是这些记录是学习的资源之一，而学习会使公司变得更加强健。看看下面的例子。

六年前，一场连续的冬季暴风雪，让数字技术公司（Technodigit Products）的生产地怀厄斯堡（Wyethburg）陷入瘫痪状态。公司的办公总部和制造厂因为那场暴风雪被迫关闭了五天，导致了收益损失，合同延期，还有接下来几周的庞大加班支出。

现在的数字技术公司已经换了一套新人马。它的 CEO 和很多高级经理都是从公司外聘来的，曾经参与治理那次暴风雪危机的人几乎没人留用。随着岁月流逝，组织的记忆日益模糊。

眼看冬季即将来临，公司的 COO 迫切希望为最坏情况的出现做好准备。他需要从零开始制定一个危机管理应急预案吗？幸运的是不必如此。经历过那场暴风雪危机的前COO的秘书告诉了他一些令人满意的情况。“咱们在某个地方保存着一个大文件夹。”她说，“有人把98年那场暴风雪危机中发生的一切都做了记录。我去把它找出来。”

一小时后，秘书送来了一个三孔文件夹和一箱子文件。它们包括1998年暴风雪危机的行动计划和危机结束后对事件的分析和回顾：对效果好的、效果差的措施都作了记述，还包括如何改进的建议。有了这些东西，COO的工作容易多了。

由于有早先的危机团队的记录，这个例子中的主管省去了很多麻烦。尤其是他的经验是来自在同一地点应对同样危机的人。如果当时你把所有重要的文件都收集起来、以可利用的形式收藏好。你的危机团队也一样可能是一座富含对未来危机有用信息的金矿。

牢记经验教训

很多公司花费几千个人力小时做计划，几百万美元实施计划，但却花很少的时间回顾已经做过的事情。他们对于学习不是采取系统的态度，结果损失了大部分对他们有益的经验。当然，并不是每个组织都这么短视。美国军队几十年来一直保留着一个机构——军事教训学习中心（Center for Army Lessons Learned）。中心的任务是从每种类型的军事行动中进行学习，然后把学到的东西变为建议，传授给该领域的士兵。它积极地从那些经历过战斗考验的士兵身上总结经验，从城市战争策略，到什么时候穿、什么时候不穿防弹衣，再到在阿富汗山区那样的不利地形条件下，如何保证高科技系统的有效性。

这个中心还从本军队之外学习重要的经验。例如在它的网站上有一篇文章，记录并评价了被围困在格罗兹尼市（Grozny）的车臣（Chechen）反政府武装分子所使用的战术，以及俄罗斯军队在与叛乱分子交手时出现的问题。

大多数企业人士认为，与军队相比，他们在管理上要先进若干光年。不过，企业可以像军队一样从自己的经历中吸取经验教训。在关于危机管理团队运作以及说明的报告中可以找到许多这样的经验教训。

学习到的经验教训应当是每个危机结束工作所包含的一部分。参与者应当开会总结，反省哪些做法正确，哪些不正确。最好在危机刚过、记忆还新鲜的时候尽快做这件事。参与者应该列个表：他们的成功之处、失败之处、未被证明的假设、可以做得更好的地方，这个表应该是文件记录的一部分。

下面是经验总结会议应当涉及的部分问题：

- 根据我们那时了解的情况，危机当时可能避免吗？怎样避免？
- 危机的早期警报信号是什么？
- 我们可能更早地识别出那些信号吗？该如何做？

- 哪些警报信号被忽略了？哪些被注意到了？（解释每个回答）
- 我们什么时候意识到我们面临着危机？
- 我们的危机预案或危机团队准备的程度如何？
- 我们有扎实的计划吗？还是依靠临时解决？
- 团队的人员构成合适吗？如果不合适，遗漏了谁？
- 我们与不同对象沟通的特点是什么？那些沟通效果如何？
- 我们的公众发言人对外发言的效果如何？
- 我们的领导显见度高吗？
- 我们的反应及时、充分吗？
- 哪些做得正确？哪些本来可以做得更好？
- 我们最大的错误是什么？
- 根据现在我们已经懂得的，我们如何才能防止未来发生同样类型的危机？
- 最后的问题：如果我们能够使整个事件重演，会有哪些做得不同？

问这些问题不是要处罚谁或责怪谁，而是要评估团队应对危机的成效并使组织为未来做好准备。有针对性地从参与者那里收集信息。你需要每个人的故事，特别要注意那些在重要领域有专长的人。

收集好对这些问题的回答之后，总结出经验教训。大多数经验教训会很明显。然后按主题（如危机前的准备、警报信号、沟通、执行，等等）分组列表，系统地进行记录，组织成类似表 8—1 的形式。让以后所有的项目团队都能利用这个表格。

注意：你可以使用附录 A 中的"记录危机学习工作表"识别从你的经历中获得的其他经验教训。它可以帮助你分析面临的问题，理清你是如何处理问题的，以及你学习到的经验教训是什么。利用这些信息，你能够设法防止类似的问题再次出现，并更加有效地应对问题。

表 8—1

经验教训：2004 年因暴风雪关闭工厂

	有效的措施	不奏效的措施	改进的方法
危机前的计划	● 团队拥有大部分该有的人 ● 知道给谁打电话 ● 监督人知道该做的事	● 天气紧急情况预案部分过时了 ● 组织起来花费的时间过多 ● 因为联系不到 CEO，等待休工回家的时间过长。结果：很多人赶上了冰雪路面 ● 预案中缺少租用雪耙合同。结果：当我们最需要时，所有雪耙都很忙	● 每 6 个月更新一次预案 ● 尽早提前办理租用雪耙合同 ● 每年进行一次天气紧急情况演习 ● CEO 缺席时，授权 COO 或 HR 主管代行职责
警报信号	● 在暴风雪征兆明显时，迅速做出决定	● 未能每小时核查天气预报 ● 没有留意其他企业已经休工回家	● 更加注意预报

沟通	● 与员工沟通良好；他们知道什么时间离开，什么时间返回	● 客户被忘在脑后：6天里很多客户得不到订单信息	● 在网站上放置自助式网上订单查阅工具 ● 通过紧急录音信息通知客户上网查询

把经验教训运用到实际中去

总结完经验教训之后，把它结合到你的计划和行动中。有一个办法可以帮助你做到这一点，就是在危机计划和危机管理团队内部建立起连续性。例如，如果公司刚刚经受过一场大火，要保证把几个经历了那次危机的富有经验的老手布置到以后的危机管理团队中（前提是他们具有合适的技能并且表现出色）。这些老手会把从原来危机中学到的经验带来，是经验较少的队员的信息来源。这正是航空公司所使用的方法，即把经验较丰富的飞行员与经验较少的飞行员配成一组。

企业危机往往代价很大。即使在最好的案例中，它们也会阻碍运营，扰乱员工和客户。最糟的案例可能花费数十亿美元。你能说出的唯一好处，就是它们提供了学习的机会，这样你就能够避免或者更好地处理你遭遇的下一个危机。

小　结

● 应当由领导者确定危机结束，就此发出已经恢复正常状态的信号。人们需要站稳脚跟，再往前走。

● 感谢大家在危机期间的帮助和耐心。如果不是悲剧性的结局，不妨庆祝一下危机的结束。

- 建立一个收集与危机有关的所有材料的档案。它为未来学习提供记录。
- 危机结束时,利用非正式的会议让大家讨论什么做得对,什么不对,什么本可以处理得更加有效。把这些要点系统地列在表格里。

附录A 实用工具

附录 A 实用工具

本附件包含能够在危机之前、之中和之后给你帮助的几个工具。所有表格都是改编自哈佛出版社在线产品哈佛管理导师(Harvard ManageMentor®)。

1. **紧急联络名单(表 A—1)**。这个表可以在未来的危机应急预案中使用。

2. **30 个潜在危机的警报信号(表 A—2)**。使用这个表识别潜在问题。

3. **记录危机学习工作表(表 A—3)**。使用这个表记录你自己、你的团队、你的部门或者你的公司从危机经历中收集的经验教训。

表 A—1

紧急联络名单

姓名:
家庭住址:
单位电话　家庭电话　手机　E-mail 地址　传真号

姓名:
家庭住址:
单位电话　家庭电话　手机　E-mail 地址　传真号

姓名:

家庭住址：

单位电话	家庭电话	手机	E-mail 地址	传真号

姓名：

家庭住址：

单位电话	家庭电话	手机	E-mail 地址	传真号

姓名：

家庭住址：

单位电话	家庭电话	手机	E-mail 地址	传真号

补充说明

来源：Harvard ManageMentor® on Crisis Management。

表 A—2

30 个潜在危机的警报信号

问题	是	否
1. 你的公司是创业企业吗？		
2. 你的集团在启动一个新产品或者一项新服务吗？		
3. 你在创立新程序吗？		
4. 你的公司属于技术进步迅速的领域吗？		
5. 你的公司最近经历了管理上的变化吗？		
6. 你的部门或者公司刚刚经过(或者正要打算进行)一次重要的重组吗？		
7. 你的部门或者公司的利润在下降吗？		
8. 你的公司的业务受调控的程度高吗？		
9. 你的公司依赖单一的产品或者服务吗？		
10. 你的公司依赖几个重要的供应商吗？		
11. 你的公司依赖几个(或者一个)重要客户吗？		
12. 你的信息技术系统虚弱吗？		

13. 你的公司最近扩展到了一个新市场或者新地点吗？
14. 你的部门或者团队的普遍态度是傲慢、具有侵犯性和冒险性的吗？
15. 你的公司的行为有破坏环境的潜在可能吗？
16. 你的公司缺乏关键雇员的接替人或者过渡计划吗？
17. 你的公司最近出现了迅速增长吗？
18. 你的产品或者公司出现了市场份额下滑吗？
19. 你的公司正在诉讼中，或者与公司外部的审计官有纠葛吗？
20. 你的公司依靠模糊的账目或/和预计账目吗？
21. 你的公司依靠家庭关系或者家庭所有权吗？
22. 你的公司容易遭受自然灾害的侵袭吗？
23. 你的公司的信用评级低吗？
24. 你的部门或者公司目前有很大的人员流动，或者保留人才有困难吗？
25. 你的公司容易出现欺诈行为吗？
26. 你或者你的公司公共曝光率高吗？
27. 你的公司的劳资两方有对立关系吗？
28. 你的公司是在一个政治或者经济不稳定的国家运作吗？
29. 你的公司现金储备不足吗？
30. 你的部门或者公司制造或使用危险品吗？

总分____

如果你回答"是"的题目

15 个或者 15 个以上	赶快躲进碉堡
10—14 个	你的公司陷入了麻烦
6—9 个	你可能很快陷入麻烦
5 个或者少于 5 个	好分数。你真的是在做生意吗？

来源：选自"50 Warning Signs That Your Company May Be in Trouble" by Norman Augustine。

表 A—3

记录危机学习工作表

危机或者问题	采取的行动	我们学到的经验	预防措施
例子：关键员工突然离开公司，跳槽到其他公司	忙乱中寻找替换人	没有准备，不知道我们寻找的标准是什么。这个过程花了很多时间。	为公司的每个关键职位制定后继者计划。

小结

我们在哪些方面对危机处理得有效？

在哪些方面我们对危机处理得不当？我们的行动的消极影响是什么？我们在将来应当如何改进危机管理？

来源：Harvard ManageMentor® on Crisis Management。

附录B 如何撰写新闻稿

附录 B 如何撰写新闻稿

公司在希望向公众传达重要资讯时，例如，新产品投放市场、产品召回、依法解决纠纷、资深管理者离开、重要任命、工厂关闭等等，需要撰写新闻稿。新闻稿还可以以最有利于公司形象的方式传达负面讯息。新闻稿是危机管理者与公众沟通的工具。

正常情况下，大型公司的新闻稿由负责沟通的副主管或者公司公关部的人员负责撰写。在较小的公司里，总经理必须自己撰写和分发新闻稿。如果你是这样的小公司管理者，撰写新闻稿可参考下面的建议：

- 以引人注目的大字标题开始，给读者呈现一幅全景画面，激起他们的兴趣。
- 信息清楚简洁，长度最好不超过一页。
- 文章围绕 5 个 W：什么人（who）、什么事（what）、什么地方（where）、为什么（why）、什么时候（when）。
- 尽量把所有重要的信息都在第一段里体现出来。
- 一定别忘记公司代表者的名字和电话号码，让新闻人员在需要更多信息时便于联系。

下面是一篇新闻稿的范例：

哥兹莫小发明有限公司

米尔庞德大道123号,米西索加市,安大略省L5J1K7,加拿大

电话(905)822—6015

网址:http:/www.gizmoproducts.on.ca

请立即发布

安大略省,米西索加市,2004年2月3日。哥兹莫小发明有限公司已经宣布召回3,212个在2001年11月至2002年3月间生产并配销的垃圾捣碎机。虽然没有任何伤害举报,但是公司自行发现了一个在几种不常见情况下使用可能导致轻微受伤的生产瑕疵。所有被召回产品的型号均为"豪华型超级捣碎机(Super Cruncher Deluxe)",所有产品都是通过安大略省和美国东北部的经销商销售的。它们的序列号为XCV—231至XCW—547。哥兹莫公司的销售商将负责产品召回。

"我们是在进行可靠性检验程序时发现这个瑕疵的。"哥兹莫公司的CEO简·佩尔蒂埃(Jane Pelletier)说,"虽然按照说明操作超级捣碎机的人不会有危险,但在使用不当时,会使门打开过快而剐伤使用者。"

负责召回的销售商会与所有顾客联系,发给他们问题的说明并提供免费更换。生产商将同销售商共同分享用于产品召回的产品保修登记资料。

位于米西索加市的哥兹莫公司生产全系列的家用垃圾捣碎机、水槽内废物处理、宠物废物处理产品。它生产的永洁牌猫用自

洁垃圾盒(Everclean®)赢得了今年加拿大新产品设计委员会(Canadian New Product Design Council,CNPDC)著名的优秀捕鼠器奖(Better Mouse Trap Award)。

需要了解更多情况,请与沟通副主管伊恩·比顿(Ian Beaton)联系:

电话:(905)734—5321

电子邮件:ibeaton@gizmoproducts.ca

注释

注　释

序　言

1. 参见哥伦比亚号事故调查委员会:《报告·第一卷》,2003 年 8 月 1 日,9。

网址:＜http://www. caib. us/us/news/volume1/chapters. html＞。

2. 同上,8。

3. 同上,181。

第 1 章

1. 根据当时负责摩托罗拉危机管理的劳伦斯·巴顿(Laurence Barton)的描述。

2. Ian I. Mitroff and Murat C. Alpaslan, "Prepare for Evil," *Harvard Business Review*, April 2003.

第 2 章

1. 数据出处:“Environmental, Social and Economic Sustainability”, 3M 网站:<http://www.3m.com/about3m/sustainability/index.jhtml>(2003 年 9 月 19 日登录)。

2. Susan Candiotti, “ValuJet 592 Crash to Be Blamed on Oxygen Canisters,” CNN Interactive, 15 November 1996, <http://www.cnn.com/US/9611/15/valujet/index.html> (accessed 16 February 2004).

第 3 章

1. 这里所列出的五个步骤经允许改编自 Harvard ManageMentor® on Crisis Management (Boston: Harvard Business School Publishing, 2002)。

2. Steven Fink, *Crisis Management*, Backinprint.com Edition (Cincinnati: Authors Guild, 2002), 64.

第 4 章

1. Carol Hymowitz, “Lessons Learned from Year's Blunders,” *Wall Street Journal*, 16 December 2003.

2. 普特南不是唯一搞市场定时交易的。联邦和州级监管机构的调查发现很多公共基金公司都有同样的错误行为。值得称道的是,普特南管理层行动迅速，坦白地承认了问题，与联邦与州级监管机构合作，改正错误，与客户沟通。它还解雇了15名员工，警告了其他错误不重的人。

3. Norman R. Augustine, "Managing the Crisis You Tried to Prevent," *Harvard Business Review*, November—December 1995, 147—58.

4. 参见 Gregory Watson, *Strategic Benchmarking* (New York: John Wiley & Sons, Inc., 1993), 129—148。

5. Augustine, "Managing the Crisis," 147—158.

6. Vincent P. Barabba and Gerald Zaltman, *Hearing the Voice of the Market* (Boston: Harvard Business School Press, 1991), 227—248.

第5章

1. Laurence Barton, *Crisis in Organizations II* (Cincinnati: Southwestern College Publishing Company, 2001), 8.

2. Richard Boudreaux, "Putin Says He Will Take Complete Responsibility for Kursk Disaster," *Los Angeles Times*, 24 August 2000.

3. Barton *Crisis*, 2.

第6章

1. Paul Argenti, "Crisis Communication: Lessons from 9/11," *Harvard Business Review*, December 2002, 103—109.

2. 同上，103—109.

第 7 章

1. Steven Fink, *Crisis Management*, Backinprint. com Edition (Cincinnati: Authors Guild, 2002),90.

2. 这些问题和答案经允许改编自 Harvard ManageMentor® on Crisis Management (Boston: Harvard Business School Publishing, 2002)。

第 8 章

1. Chris Zook and Darrell Rigby, "How to Think Strategically in a Recession," *Harvard Management Update*, November 2001, 8—9.

扩展阅读

扩展阅读

注释和文章

Argenti, Paul. "Crisis Communication: Lessons from 9/11." *Harvard Business Review*, December 2002.

世贸中心和五角大楼发生的骇人听闻的恐怖袭击，不仅破坏了企业和客户之间的确定的联系渠道，也破坏了企业和员工之间的确定的联系渠道。能够迅速实施的内部危机沟通策略是至关重要的。在这篇文章中，来自各类企业——包括摩根士丹利(Morgan Stanley)、美国航空公司、威讯(Verizon)和《纽约时报》——的高级主管们，谈了他们的组织是如何恢复运营和士气的。作者通过与这些人士的访谈，提炼出了几条经验教训，他认为每一条教训都能"在任何公司面临损害其员工的镇定自信和注意力的危机时，作为指南"。

Augustine, Norman R.. "Reshaping an Industry: Lockheed Martin's Survival Story." *Harvard Business Review*, November—December 1997.

在这个关于冷战对企业的影响的幕后故事里，奥古斯丁总结了企业如何避免危机，以及危机一旦开始如何管理危机的重要经验教训。

Dutton, Jane E., Peter Frost, Monica C. Worline, Jacoba M. Lilius, and Jason M. Kanov. "Leading in Times of Trauma." *Harvard Business Review*, January 2002.

因为热爱的领导者去世、一场死亡数千人的自然灾害等所引起的危机,常常引起情感伤害,不良情绪充斥工作地点,压垮员工们。在这种时候,领导者应当通过在全公司范围内做出同情反应,以平息集体性的痛苦和混乱。这篇文章解释了应当如何做。通过表露他们自己的同情心,传达公司的价值观,利用已有系统动员需要的资源,领导者可以帮助员工在混乱中发现意义,在痛苦中激发行动。他们的公司可以在困境中调整适应,甚至可以胜过他人。

Frost, Peter and Sandra Robinson. "The Toxic Handler: Organizational Hero—and Casualty." *Harvard Business Review*, July—August 1999.

在危机期间,当一切都被痛苦和混乱统治时,有一种类型的管理者静静地承受着其他人的冲动,同情地倾听,减缓公司集体性的痛苦。这些"处理毒药的人"在创伤时期挽救着公司,使其免于自我毁灭。但是他们的工作使他们筋疲力尽,他们在冒着耗尽自己的危险。为了使你的"处理毒药的人"守住他们的岗位,你需要确切知道他们的所作所为,对他们表达你的感谢,帮助他们在那本质上说不健康的岗位上保持健康。

Harvard Business School Publishing. "How to Keep a Crisis from Happening." *Harvard Management Update*, December 2000.

这篇文章关注于诺曼·奥古斯丁关于危机管理的第一步:预

防。危机预防要求具有警惕性和小心谨慎。这篇文章提供了一些建议：(1)定期进行危机稽查以确认可能会转变成危机的组织的脆弱点，例如，许多的客户抱怨可能预示着产品召回；(2)从员工和客户那里获得信息，他们是你最好的监察者；(3)以竞争对手为参照系检查潜在危机；(4)不要让你收集的信息落上灰尘，要马上很好地利用它们。

Smith, N. Craig, Robert J. Thomas, and John A. Quelch. "A Strategic Approach to Product Recalls." *Harvard Business Review*, September-October 1996.

产品召回可能会毁掉品牌和整个组织。但是一个公司是能够缓和产品召回的负面影响的，甚至可以从中获益。作者提供了运作产品召回的分级指南，从准备就绪阶段，到合理的产品召回管理，再到召回后产品的重新导入。作者解释了在每一个阶段各职能部门——政策和规划、产品开发、沟通、物流和信息系统——应当如何做。如果管理得当，产品召回也是可以坏事变好事的。

著　作

Barton, Laurence. *Crisis in Organizations II*. Cincinnati: South-western College Publishing, 2001.

这部权威的、内容全面的著作的特色是每一章都以一个问题为中心。作者提供了详细的关于危机防范和管理的研究性和实用性的建议。通过对1,400多个灾难案例的分析，读者会从那些面对过真正危机的人的经验教训中受益匪浅。其中关于员工沟通的部分尤其出色。

Blythe, Bruce T. *Blindsided*. New York: Portfolio/Penguin Group, 2002.

布莱斯的著作除了涉及危机管理的一般性话题之外,还包括一些针对不同事故采取立即行动的步骤,例如,工作场所事故性死亡、民事纠纷、洪水、生化灾害等等。

Burrough, Bryan and John Helyar. *Barbarians at the Gate: The Fall of RJR Nabisco*. New York: HarperCollins, 1991.

通过全面研究这个事件,作者揭示了权力、贪婪、私我如何联合起来制造危机。这部商务书读起来感觉就像约翰·格里斯海姆(John Grisham)的小说。你不仅学到危机管理中的"要"和"不要",而且还会学到什么是融资买入。你可以边学边笑。

Fink, Steven. *Crisis Management: Planning for the Inevitable*. Backinprint. com Edition. Cincinnati, Ohio: Authors Guild, 2002.

这是一本关于危机管理实用对策的优秀著作。通过解析大量案例,芬克追溯到危机的种子,分析了所犯的错误,危机怎样经由管理方的决策被恶化,或者被遏止。

Grove, Andrew S. *Only the Paranoid Survive: How to Exploit the Crisis Points That Challenge Every Company*. New York: Bantam Books, 1999.

作为英特尔公司的缔造者之一、董事长,作者与读者分享了他在英特尔公司盛衰浮沉的经历。他让我们从内部的角度看到了每个取向变化是如何影响一个大公司的。他用实用的、直截了当的语言,说明了关于将变化和危机转化为优势的观点。

Harvard Business School Publishing. "*Harvard Business Review*" *on Crisis Management*. Boston: Harvard Business School Press, 1999.

这本论文集包含八篇文章,重点阐述了关于如何应对困境、危机和商务背景下的其他敏感话题的领先观念。获取这些管理或避免危机的有效管理技能和工具,对于你的组织的存活和成功来说,至关重要。在首篇文章"管理你试图防止的危机"中,诺曼·奥古斯丁利用他在众多管理实践中得到的丰富个人经验,把危机分成若干可以预测的阶段,并提供了如何应对每一个阶段的建议。文集中的其他文章均是来自第一线人员的实用性建议,话题包括临时解雇、产品召回、管理人员变节、媒体政策和领导者等诸多方面。

Hurst, David K. *Crisis and Renewal: Meeting the Challenge of Organizational Change*. Boston: Harvard Business School Press, 2002.

在赫斯特的书中呈现了关于组织如何演化和更新的与众不同的观点。作者考察了企业从创造性的开端直到将成功常规化的一段样例。他使用了一个组织的生态循环的模型,说明管理者需要蓄意制造危机,以便保护组织免于毁灭,并且更新他们的组织,赋予它们创造力和意义。

Mitroff, Ian I., Christine M. Pearson, and L. Katharine Harrington. *The Essential Guide to Managing Corporate Crises*. Oxford: Oxford University Press, 1996.

本书采用分析的方法,把危机分为可以识别的几种类型,利用决策树、流程图、以及其他图表,考察实施危机计划和管理的步骤。它给繁忙的管理者提供了珍贵的工作表和分析组织中潜在危机的其他工具。

Silva, Michael and Terry McGann. *Overdrive: Managing in Crisis-Filled Times*. New York: John Wiley & Sons, Inc., 1995.

作者通过很多案例,破解了危机处理最佳途径的一般误区。本书还特别重视企业文化和领导技能将会如何影响危机处理的结果。

顾问和作者简介

顾问和作者简介

关于内容顾问

拉里·巴顿(Larry Barton)博士是美国学院(The American College)的校长。美国学院位于保险和金融服务业集中的宾夕法尼亚州的布林莫尔(Bryn Mawr),是金融服务教育的一所权威学校。巴顿博士的职业生涯始于记者,曾经为《波士顿环球报》(*Boston Globe*)、《纽约时报》以及其他报刊撰稿,对企业溃败事件尤为关注。自1985年至1995年,他在哈佛商学院(Harvard Business School)、波士顿学院(Boston College)和宾夕法尼亚州立大学(Penn State University)讲授管理沟通和危机管理。自1987年,他开始担任大公司的危机防范和风险管理顾问;1995年他加盟摩托罗拉(Motorola),成为该公司的沟通和公共关系部副主席,直到1999年离开。多年来,他曾经为很多公司提供过咨询,其中有埃克森美孚(Exxon Mobil)、迪斯尼(Disney)、本田汽车(Honda)、耐克(Nike)、韩国高仕达公司(Goldstar of Korea)、日本信息部(Japanese Ministry of Information)。他为这些客户管理过300多起严重事故,涉及工作场所谋杀、恐吓上司、挪用公款、篡改产品、敲诈勒索以及各种自然灾难等等多种危机。

巴顿博士著有3本书,包括畅销书《组织中的危机Ⅱ》。他是演说家,经常出现在曝光率很高的事故期间或之后举办的关于保险和风险管理的公共论坛中。《华尔街日报》对他进行过专门报道,世界各大电视台也曾经就危机的有效管理问题对他进行过采访。

关 于 作 者

理查德·吕克(Richard Luecke)是本书的作者,"哈佛商务指南"的12本书均出自他的手笔。吕克居住在马萨诸塞州的塞勒姆(Salem),他撰写或者编写了以商务为主题的30多本书和10多篇文章。吕克毕业于圣·托马斯大学(University of St. Thomas),获M.B.A.。